Salzburg und Salzburger Land

Doris und Wolfgang Seitz

MERIAN-TopTen
Höhepunkte, die Sie unbedingt sehen sollten

1 Salzburger Festspiele
Die Festspiele locken jedes Jahr internationales Publikum in die Mozartstadt (→ S. 25).

2 Freilichtmuseum Großgmain
Ein Spaziergang durch Bauernhöfe und Häuser von anno dazumal (→ S. 33).

3 Blick von der Festung Hohensalzburg
Unzählige Kirchtürme ragen in den Himmel der Landeshauptstadt, über der die Festung Hohensalzburg thront (→ S. 40).

4 Café Tomaselli
Kaffeehauslegende von 1705 in Salzburg, in der schon Mozart gespeist hat (→ S. 49).

5 Großglockner Hochalpenstraße
Die 47,8 Kilometer lange Strecke ist eine der landschaftlich eindrucksvollsten Gebirgsstraßen in den Alpen (→ S. 66).

6 Krimmler Wasserfälle
Der höchste Wasserfall Mitteleuropas stürzt in drei Fallstufen fast 400 Meter tief (→ S. 68).

7 Eisriesenwelt
Die Kraft des Wassers schuf bei Werfen die bizarren Formen der Eisriesenwelt, der größten Eishöhle der Welt (→ S. 79).

8 Liechtensteinklamm
Mit ihren Wildwasserschluchten bietet die Liechtensteinklamm ein wildromantisches Naturschauspiel (→ S. 80).

9 Salzbergwerk Hallein
Mit Grubenbahn und Holzrutsche geht es in die Unterwelt des Schaubergwerks (→ S. 84).

10 Lammerklamm
Die 60 Meter tiefe Klamm ist ein beeindruckendes und nasses Naturdenkmal im Tennengau (→ S. 87).

MERIAN-Tipps ⟶ finden Sie auf Seite 128

Inhalt

4 **Salzburg und das Salzburger Land stellen sich vor**
Interessantes rund um Ihr Reiseziel

12 **Gewusst wo ...**
Die besten Tipps und Adressen der Region

14 **Übernachten**
So vielfältig wie die Region: von luxuriös bis urig

16 **Essen und Trinken**
Deftig, aber auch raffiniert-fein

20 **Einkaufen**
Der Mix macht's: von rustikal bis topmodern

24 **Feste und Events**
Musik und Theater, Kunst und Kultur pur

28 **Sport und Freizeit**
Wandern, Skifahren, Surfen – jeder findet sein Steckenpferd

32 **Familientipps – Hits für Kids**
Wildparks, Naturkunde- und Freilichtmuseen

34 **Unterwegs in Salzburg und im Salzburger Land**
Kompakte Beschreibungen aller wichtigen Orte und Sehenswürdigkeiten mit vielen Freizeit- und Kulturtipps

36 **Salzburg**
Kleinstädtischer Charme gepaart mit großzügigem Denken

52 **MERIAN-Spezial**
Mozart – Österreichs liebster Musikus

54 **Salzburger Seenland und Salzkammergut**
Liebliches Alpenvorland voller Seen

60 **Lungau**
Burgen und Schlösser, wenig Regen und viel Sonne

64 **Nationalpark Hohe Tauern**
Atemberaubende Landschaft, reich an Naturschönheiten

MERIAN-TopTen
Höhepunkte in Salzburg und im Salzburger Land, die Sie unbedingt sehen sollten
⇐ S. 1

MERIAN-Tipps
Tipps und Empfehlungen für Kenner und Individualisten
S. 128 ⇒

Erläuterung der Symbole

- *Für Familien mit Kindern besonders geeignet*
- *Diese Unterkünfte haben behindertengerechte Zimmer*
- *In diesen Unterkünften sind Hunde erlaubt*
- CREDIT *Alle Kreditkarten werden akzeptiert*
- *Keine Kreditkarten werden akzeptiert*

Preise für Übernachtungen im Doppelzimmer inkl. Frühstück:
●●●● *ab 200 Euro*   ●● *35–80 Euro*
●●● *80–200 Euro*   ● *bis 35 Euro*

Preise für ein Menü mit Vorspeise und Dessert, ohne Getränke:
●●●● *ab 40 Euro*   ●● *15–30 Euro*
●●● *30–40 Euro*   ● *bis 15 Euro*

- 72 **Pinzgauer Saalachtal**
  Sport und Freizeit zu allen Jahreszeiten
- 76 **Pongau**
  Heilquellen und Bodenschätze sorgten für Wohlstand
- 82 **Tennengau**
  Vom Wasser geschaffene Attraktionen

Routen und Touren
Die schönsten Ausflüge und Wanderungen

- 90 **Wandern auf dem Arnoweg**
  Kulturhistorische und landschaftliche Höhepunkte
- 91 **Unterwegs durch das Salzburger Seenland**
  Auf den Spuren der Literaten
- 92 **Zum Gipfel des Hochkönig**
  Wanderung auf den Berg der Sagen

Wissenswertes über Salzburg und das Salzburger Land
Praktische Hinweise und Hintergrundinformationen

- 96 **Geschichte**
  Jahreszahlen und Fakten im Überblick
- 98 **Essdolmetscher**
  Die wichtigsten kulinarischen Begriffe
- 100 **Salzburg und das Salzburger Land von A–Z**
  Nützliche Adressen und Reiseservice

- 109 Kartenatlas
- 122 Kartenregister
- 124 Orts- und Sachregister
- 127 Impressum

✦ Karten und Pläne

Salzburger Land ... Umschlagkarte vorne
Salzburg .... Umschlagkarte hinten
Festung Hohensalzburg 41
Zum Gipfel des Hochkönig 93
Kartenatlas 109–121

Die Buchstaben-Zahlen-Kombinationen im Text verweisen auf die Planquadrate der Karten, z. B.
→ S. 110, B 3 Kartenatlas
→ Umschlagkarte hinten, b 2

Mit Straßenkarte

Salzburg und das Salzburger Land stellen sich vor

Herbststimmung am Hochkönig: Vor der gewaltigen Südwand liegt Dienten (→ S. 79) mit seinem Kirchlein St. Nikolai. Die einstige Bergbausiedlung hat rund 800 Einwohner.

Traumlandschaft und Sommerfrische? Literatentreffs und Festspiele? Almen und Trendsportarten? Das alles und noch viel mehr gibt es in Salzburg Stadt und Land.

Salzburg und das Salzburger Land stellen sich vor

Mozart setzt Akzente. Bereits lange vor dem 250. Geburtstag des Musikgenies im Jahr 2006 putzten sich seine Heimatstadt Salzburg und das Salzburger Land prächtig heraus. Schließlich sollte zum Jubiläumsjahr alles in neuem Glanz erstrahlen.

Das österreichische Großevent war ein voller Erfolg und ein schöner Anlass, die ganze Region wieder einmal neu zu positionieren, Altbewährtes zu verbessern sowie neue Attraktionen aus der Taufe zu heben. Alles keine Eintagsfliegen, denn die Urlauber werden noch lange von den Geburtstagsvorbereitungen für das Jahr 2006 profitieren – sei es von der verbesserten Infrastruktur, von renovierten und neuen Hotels, von tollen und vielseitigen Unterhaltungsangeboten und von Sehenswertem, das lange ein Schattendasein fristen musste, wie das begnadete »Stadtpanorama« von Johann Michael Sattler. Jetzt ist es restauriert (→ MERIAN-Tipp, S. 11).

Salzburg Stadt und Land sind seit jeher beliebte Destinationen für Freunde der klassischen Musik, der Baukunst und kulinarischer Genüsse sowie bei Sommer- und Wintersportlern jedes Könnens. Die Region bietet einen idealen Boden für Aktivitäten aller Couleur. Natur oder Kultur – hier wird sich niemand langweilen. Es ist ein überschaubares Stück Urlaubsland mit einer bewegten Geschichte, mit einem Freizeitangebot für Jung

Vielfältiges Urlaubsland voller Attraktionen

und Alt und einer Fülle von landschaftlichen Höhepunkten. Das alles ist eingebettet in einen Terminkalender voller Aktivitäten und Attraktionen vom Feinsten.

Ein absolutes Plus: Die Wege sind kurz. Nicht nur im Salzburger Land. Auch der Weg dorthin ist wesentlich kürzer geworden als noch vor wenigen Jahren. War Salzburg früher vorwiegend ein beliebtes Ziel von Kaffeefahrten, meist aus dem Münchener Raum, die stundenlangen Staus haben Geschichte gemacht, so ist das

Bunte Hausfassaden in Hallein (→ S. 83) zeugen vom Reichtum der Stadt, der auf die seit dem Jahr 777 belegte Salzgewinnung zurückgeht.

Salzburg und das Salzburger Land stellen sich vor

Das Innere des zwischen 1838 und 1848 in neugotischen Formen überbauten Wasserschlosses Anif nahe Hellbrunn ist leider für die Öffentlichkeit nicht zugänglich.

kleine, feine österreichische Bundesland dank günstiger Fluganbindung selbst von Hamburg, Berlin oder Düsseldorf in knapp zwei Stunden zu erreichen – zum »Taxipreis«, wie eine Billig-Airline schwärmt. Einer Stippvisite nach Salzburg steht also nichts mehr im Weg.

Dass es zu dieser Entwicklung kommen konnte, daran sind die Österreicher im Allgemeinen und die Salzburger im Besonderen nicht ganz unbeteiligt. Denn sie waren schnell davon überzeugt, dass die Zukunft des Fremdenverkehrs nicht nur in der Hochkultur zwischen »Don Giovanni« und dem »Jedermann« liegt. Bei Trendsportarten wie Mountainbiken, Drachen- oder Gleitschirmfliegen, Riverraften und Hydrospeed hatten die Österreicher und mit ihnen die Salzburger bald die Nase vorn. Im Winter war das ebenso: Schnell fanden die Snowboarder im Salzburger Land eine Heimat, und auch das winterliche Heißluftballontreffen in **Filzmoos** hat bereits Tradition.

Apropos Tradition: Die Brauchtumspflege hat sich ebenfalls ihrer Ursprünge besonnen und sich wieder vom Kitsch abgewandt. Der monumentale Alpenbarock, mit dem so mancher Hotelier den goldenen Jahren des Tourismus in Neu-, Um- und Anbauten der Beherbergungsbetriebe Ausdruck verlieh, weicht langsam einer geschichtsbewussten Bauweise. Im Festtagskalender der Orte haben traditionelle Feste wieder ihren Platz; man ist unter sich, doch Winterurlauber und Sommerfrischler sind eingeladen mitzumachen.

Die Lebenshaltungskosten in Österreich sind relativ hoch – natürlich merkt man das ganz besonders stark im Geldbeutel. Sehr preiswert

Salzburg und das Salzburger Land stellen sich vor

Mit einer Fläche von 18 000 Quadratmetern ist der Nationalpark Hohe Tauern (→ S. 64) der zweitgrößte in ganz Europa. Er schützt eine grandiose Alpenlandschaft.

übernachten kann man vielleicht noch auf der Alm, wo ein eiskalter Brunnen die warme Dusche ersetzt. Wer allerdings auf seinen drei bis vier Sternen besteht, vielleicht mit hoteleigenem Hallenbad, Sauna und Solarium inklusive, der muss kräftig in die Tasche greifen. Und so kann ein Urlaub in Salzburg Stadt oder Land recht schnell in preisliche Dimensionen kommen, in denen man gut und gerne auch eine Reise auf eine karibische Insel buchen könnte.

Zu Recht verweisen die Fremdenverkehrsämter auf die hohe Qualität, die der Urlauber für sein Geld bekommt, bezeichnen das Salzburger Land werbewirksam als »ein kleines Paradies«. Kurz gesagt: Wie viele Urlaubsregionen hat auch das Salzburger Land mit Marktschwankungen zu kämpfen. Umsatzrückgänge gefährden nicht nur die Existenz einzelner Hoteliers. Für den Urlauber dagegen ergeben sich dadurch einige Vorteile. Vor allem die Zielgruppe Familie wird umworben. Sonderangebote des Salzburger Verkehrsverbundes, ein bewusstes Eintreten für die Umwelt, pfiffige Angebote für die ganze Familie sind vorhanden, man verweist auf die noch relativ ungeschädigte Natur, die sauberen Gewässer.

Urlaub mit der Familie ist stark im Kommen

Das einem liegenden, spitzen Dreieck gleichende Bundesland Salzburg wird im Norden begrenzt von Oberösterreich, im Osten von der Steiermark, im Süden von Kärnten, Osttirol und Südtirol (Italien), im Westen von Tirol und Bayern. Das Berchtesgadener Land reicht mit einem schmalen Zipfel weit ins Salzburgische hinein. Das

Bundesland unterteilt sich in die Stadt Salzburg und fünf Regionen: Flachgau, Tennengau, Pongau, Pinzgau und Lungau.

Was heutzutage den Reiz dieser Landschaft ausmacht, die unwegsame Hochgebirgswelt und raue, reißende Gebirgsflüsse, empfanden die Menschen der Bronze- und Eisenzeit als nicht gerade siedlungsfreundlich. Doch die Flusstäler von Salzach und Saalach sowie deren Zuflüsse begünstigten bereits frühsteinzeitliche Besiedelung. Die Salzvorkommen in der Gegend von Hallein und die Kupferminen im Pongau zogen Siedler an. Bis Mitte der Sechzigerjahre des 20. Jahrhunderts wurde am Mitterberg Kupfer abgebaut. Die Salzgewinnung im Raum Hallein-Dürrnberg war über die Jahrtausende hinweg ein bedeutender Wirtschaftsfaktor. Erst am 31. Juli 1989 wurde sie wegen mangelnder Rentabilität eingestellt. Über diesen wichtigen Erwerbszweig, der entscheidend zur Blüte Salzburgs und des Salzburger Landes beigetragen hat, informieren heute verschiedene Museen, zum Beispiel in Hallein (stillgelegtes **Salzbergwerk** auf dem Dürrnberg) oder das Oberndorfer **Heimatmuseum** (Salzschifffahrt).

Eines der Fresken aus dem 12. Jahrhundert im Stift Nonnberg (→ S. 45) zeigt den lateinischen Kirchenlehrer Augustinus.

Auch diese Museen sind, wie die Schönheit der Landschaft, wiederum Besuchermagneten, ein Teil der Tourismusindustrie. Der Tourismus ist ohnehin ein Kapitalzweig für sich, denn das Fremdenverkehrsjahr 2004/2005 übertraf die hervorragenden Ergebnisse des Vorjahres, wobei die Wintersaison die Hauptrolle spielt. Nach dem Zweiten Weltkrieg, der auch Österreich mit ins Verderben gerissen hatte, ging es mit dem Tourismus aufwärts. Nachdem die Zonen- und Staatsgrenzen der Alliierten gelockert worden waren, entwickelte sich der Fremdenverkehr zu einem der Wachstumsträger und zum wichtigsten Wirtschaftszweig im Land Salzburg. Es entstanden Seilbahnen und Lifte, Hotels, Gasthäuser und Privatquartiere. Gerade die Privatzimmer boten der Landbevölkerung eine zusätzliche Einnahmequelle. Seit 1949 verzeichnen die Statistiker eine stürmische Aufwärtsentwicklung im Tourismus. Zählte man im Sommerhalbjahr 1948 107 993 Übernachtungen

Seit den Fünfzigerjahren steigende Besucherzahlen

und im folgenden Winterhalbjahr 59 613, so kletterten die Übernachtungszahlen 1955 über die Zweimillionengrenze – und im Winter kamen fast eine halbe Million Besucher in die Region. Die jüngsten veröffentlichten Zahlen sprechen von 23,1 Millionen Übernachtungen, wobei jeder Gast im Durchschnitt etwa fünf Tage im Salz-

Salzburg und das Salzburger Land stellen sich vor

Salzburg wie zur Kaiserzeit erleben: Eine Stadtrundfahrt mit dem Fiaker gehört zu den unvergesslichen Erlebnissen eines Besuchs in der Mozartstadt (→ S. 37).

burger Land blieb. Und schon immer war es der deutsche Gast, der über den Erfolg der Bemühungen örtlicher Tourismusmanager entschied.

Die Schwärmer kamen im Lauf des 19. und 20. Jahrhunderts ins Land. Das Künstlervolk fühlte sich hier recht bald wohl. Maler, Komponisten, Schauspieler, Literaten kamen, wenn nicht hier geboren oder zugezogen, zumindest als Sommerfrischler – und manche blieben, wie Carl Zuckmayer vor seiner Emigration, gleich einige Jahre. Auch viele andere Prominente schätz(t)en die Region: Winnie Markus, Curd Jürgens, Adnan Kashoggi, Herbert von Karajan, Niki Lauda oder auch der deutsche Exbundeskanzler Helmut Kohl.

Grund für Salzburgs Popularität – und nun meinen wir die Landeshauptstadt – ist wohl auch ein wenig diese »Szene«. Wenn sich die Prominenten zu **Festspielzeiten** ein Stelldichein geben, erhoffen sich viele Besucher von nah und fern zumindest einen Blickkontakt mit der Highsociety.

Stelldichein der Prominenz

Dabei sein heißt die Devise, wenn die ganze Stadt zur Bühne wird. So beschrieb es schon 1893 der Schauspieler Max Reinhardt.

Kulturelle Höhepunkte sind außerdem das **Chorfestival**, die **Osterfestspiele**, die **Mozartwochen**, die **Kulturtage** und, und, und. Denn vor und nach der Festspielzeit ist in Salzburg ebenso was los. Auch wenn die Highsociety die Stadt wieder verlassen hat, gibt es noch genügend Theater, Konzerte und kulturelle Veranstaltungen. Solides Niveau für die einen, ausgefallenere Dates für die anderen. Die Szene, das **Kulturgelände Nonntal** oder das jährliche **Avant-**

garde-Jazzfestival an der Elisabeth-Bühne sind Publikumsmagneten. Und wer die leisen Töne liebt, begibt sich zur Lesung angesehener und bekannter Schriftsteller in das **Literaturhaus Eizenbergerhof**.

Und jetzt doch noch ein paar Klischees: Spitzenreiter ist Salzburg mit Mozart. Nirgendwo sonst ist Wolfgang Amadeus Mozart so präsent wie hier. Dann »Schnürlregen« – der typische Salzburger Regen, der in Schnüren vom Himmel fällt und in Liedern besungen wird –, Trachtenläden, Festspiele, Karajan. Salzburg ist aber mehr. Und es eröffnet sich dem, der tiefer einzudringen bereit ist. Also machen Sie sich auf, um das Salzburg der Salzburger zu entdecken. Ein wenig abseits von den Touristenpfaden. Ein gemütlicher Spaziergang über den grünen Samstagsmarkt – verweilen, zusehen, lauschen. Ein typisches Stück Salzburger Leben. Hier gibt es noch die »gnädige Frau«, die »Frau Kommerzienrat« und die »Frau Professor«.

Wer gerne ein »Seidl« trinkt, ein kleines Bier, der geht in ein »Beisl« (Kneipe), zum Beispiel ins »Zur Maria«. In solchen Tagestreffs ist es immer recht voll – und vom Fremdenführer bis zum Uniprofessor alles vertreten. Wer ein typisches Salzburger Mitbringsel sucht, kommt an Mozart nicht vorbei. Die nach ihm benannten Pralinen sind ein absolutes Muss für jeden Urlauber. Doch nur in der Konditorei Fürst gibt es die »originalen Salzburger Mozartkugeln«.

Nur sitzen und sich kulturell berieseln lassen, danach fein soupieren, eventuell im Spielkasino in **Schloss Klessheim** dem Glück nachjagen, das ist nicht jedermanns Sache. Bewegung tut Not – und sie tut gut. Das breite Angebot im Salzburger Land bietet für jeden etwas. Das Land ist reich an Bergen und Tälern zum Bergsteigen und Bergwandern, zum Skifahren, Snowboarden und Langlaufen, es ist sanft hügelig oder steil ansteigend – für Radwanderer und Mountainbiker zugleich ein kleines Paradies. Und das Angebot an Golfplätzen ist inzwischen so groß, dass sich der ambitionierte Liebhaber des grünen Sports sozusagen durchs ganze Land golfen kann.

Wintersportfans finden im Salzburger Land tolle Skigebiete wie Saalbach-Hinterglemm (→ S. 74), Zell am See (→ S. 71) oder Kaprun (→ S. 66).

MERIAN-Tipp

 »Salzburger Panorama« von J. M. Sattler

Mit unzähligen winzigen Rasierklingen wurden die alten Farbschichten abgetragen, damit das »Salzburger Panorama« restauriert werden konnte. Nun ist dieses hervorragende Gemälde von Johann Michael Sattler aus dem Jahr 1829 wieder zu bewundern.

Panorama Museum, Neue Residenz, Residenzplatz 9; tgl. 9–17, Do 9–20 Uhr; Eintritt Erwachsene 2 €, Kinder 1 €

→ Umschlagkarte hinten, e 4

Gewusst wo ...

Das Sternbräu liegt direkt in der berühmten Getreidegasse in der Altstadt von Salzburg (→ S. 37). Im herrlichen Biergarten wird hier unter Schatten spendenden Bäumen zum erfrischenden Bier original Salzburger Küche serviert.

… man tief und fest schläft, hervorragend speist, Kultur und Musik genießt, Landschaften erlebt, Kinderträume erfüllt, sportlich aktiv ist und mit der ganzen Familie unvergessliche Tage erlebt.

Übernachten

So vielfältig wie die Region sind auch die Übernachtungsmöglichkeiten: von luxuriös bis urig.

Eine noble Adresse: das Hotel Goldener Hirsch (→ S. 37) in der Salzburger Getreidegasse (→ S. 43). Sie ist ein idealer Ausgangspunkt für Stadterkundungen.

Sorge braucht niemand zu haben, dass er in Salzburg oder im Salzburger Land kein Dach über dem Kopf findet, unter das er sein müdes Haupt betten kann. Ganz im Gegenteil. Die Hotellerie ist in allen Kategorien ausreichend gerüstet, um Besucherströme aus dem In- und Ausland aufzunehmen.

Wer außerhalb der Saison in diese Gegend reist, bekommt meistens problemlos ein Zimmer. Eine Reservierung empfiehlt sich aber zur Hauptreisezeit. Besonders während der Salzburger Festspiele kann es schwierig werden, in der stadtnahen Umgebung eine Bleibe zu finden.

Ein Blick in die Statistiken beweist, dass die Mehrzahl der Gäste in gastgewerblichen Beherbergungsbetrieben absteigt, sprich in Hotels und Gasthäusern. Im Jahr 2006 wurden 23,1 Millionen Übernachtungen gezählt. Bei Ein- bis Drei-Sterne-Unterkünften hat der Gast die Qual der Wahl. Nicht allzu üppig gesät sind die Fünf-Sterne-Hotels. Acht gibt es in Salzburg, elf im Salzburger Land. Die Vergabe von halben Sternen ist eine österreichische Besonderheit. So weist das Land noch zehn Viereinhalb-Sterne-Hotels auf sowie knapp 190 Vier-Sterne-Hotels. Allein die Stadt Salzburg hat 35 in dieser Güte. Ausgelastet sind sie vor allem in der Mozartstadt, im Gasteinertal, im Pongau und im Pinzgau.

Reich ist auch das Angebot an kleineren Pensionen, die mit ihrer familiären Atmosphäre werben, an Ferienhäusern und Apartments für die unabhängigen Urlauber, an Bauernhöfen und Campingplätzen.

Kreditkarten werden von den wenigsten Hotels gerne, wenn überhaupt genommen.

Leicht(er) zu finden: Ein großer Teil der Hotels in der Stadt Salzburg sind einem **Hotelleitsystem** zugeordnet, das in vier Bezirke unterteilt ist. Jeder dieser Bezirke ist leicht über eine von vier Autobahnausfahrten zu erreichen: Ausfahrt Flughafen (Exit 296) für den Bereich westlich und unterhalb vom Mönchsberg. Ausfahrt Salzburg Mitte (Exit 292) für die Häuser westlich der Salzach und nördlich des Mönchsbergs etwa bis zum Hauptbahnhof. Ausfahrt Salzburg Nord (Exit 288) für alle Hotels östlich der Salzach und nördlich des Kapuzinerbergs. Ausfahrt Salzburg Süd (Exit 8) für alle Stadtbezirke südlich von Mönchsberg und Kapuzinerberg auf beiden Seiten der Salzach.

Also immer dem Pfeil mit der Aufschrift »Hotel Route« folgen. Jedes Hotel ist dann namentlich aufgeführt, wenn man von der Route abweichen muss.

Speziell für Menschen mit Behinderung hat die Tourismus Salzburg GmbH eine Broschüre herausgegeben, die Informationen für einen barrierefreien Aufenthalt in Salzburg enthält (Info: Tel. 06 62/8 89 87-0, E-Mail: tourist@salzburg.info).

Hotels sind bei den einzelnen Orten im Kapitel »Unterwegs in Salzburg und im Salzburger Land« beschrieben.

MERIAN-Tipp

 Hotel Sacher Salzburg

In Salzburgs »Grandhotel«, dem früheren Hotel »Österreichischer Hof«, an der ruhigen Salzach-Promenade mitten im Herzen der Stadt betten sich nicht nur gekrönte Häupter und Aristokraten. Das Gebäude, das Carl Freiherr von Schwarz in den Jahren 1863 bis 1866 erbauen ließ, bietet auch einen idealen Rahmen für Tagungen und Bankette. Luxuriös ausgestattet sind die 116 Gästezimmer und die Suite.

Schwarzstr. 5–7, 5020 Salzburg; Tel. 06 62/8 89 77-0, Fax 8 89 77-551; E-Mail: salzburg@sacher.com; 116 Zimmer, 1 Suite ●●●● CREDIT ♿ 🐕

⤑ Umschlagkarte hinten, c 3

Essen und Trinken

Vorwiegend deftige Kost und eine bodenständige Küche mit Produkten, die die Region hervorbringt.

Salzburger Nockerln (→ MERIAN-Tipp, S. 18) sind neben den Mozartkugeln wohl die bekannteste Süßspeise Salzburgs. Die drei »Nockerln« symbolisieren die drei Hausberge der Stadt, Mönchsberg, Rainberg und Kapuzinerberg (→ S. 43).

Essen und Trinken

Jahrhundertelang wurde von der ländlichen Bevölkerung schwere körperliche Arbeit geleistet. Der hohe Bedarf an Kohlenhydraten wurde durch Mehl- und Kartoffelspeisen gedeckt. Für Gemüsegerichte holten sich die Bäuerinnen das in ihre Pfannen und Töpfe, was der heimische Boden Monat für Monat hervorbrachte. Fleisch kam nur an Fest- und an Feiertagen auf den Tisch.

Der tägliche Speisezettel bestand hauptsächlich aus **Wasser- und Schmalzkost**. Knechte und Mägde unterschieden zwischen dem »Brennsupp'nbauern« und dem »Muasbauern«. Beim Brennsupp'nbauern gab es nur Wassersuppen, während der »reichere« Muasbauer viel Fett für sein kräftiges Essen verwendete. Eine Redensart sagt, wenn einer »nicht auf der Brennsupp'n daherg'schwommen ist«, dann kommt er aus einer guten Familie. Das »Muas« zählt zu den ältesten Speisen der Menschheit. Es ist älter als Brot. Getreide wurde dafür zwischen Steinen zermahlen und mit Wasser und Milch vermischt: Das Muas war erfunden.

An Salzburgs Stadtrand bauen die Walser Bauern ihr grünes **Kraut** an, das für Krautspatzen, Krautspeck, Krautfleckerl, Krautstrudel und für Krautnudeln verwendet wird.

Das Sauerkraut heißt im Pinzgau »Hoargneist«, da das mit Mehl bestäubte Kraut an einen Knäuel ausgekämmter weißer Haare erinnert.

Kraut, Knödel, Nocken

Zum Hoargneist isst man im Land »inner Gebirg-Knödel« in verschiedensten Variationen. In manchen Gasthöfen des Pinzgaus sind noch heute der Dienstag, der Donnerstag und der Freitag die bevorzugten **Knödeltage**. Im Flachgau können diese Knödel klein wie eine Walnuss sein oder groß wie ein Tennisball. Sie können in der Suppe schwimmen oder ein Fleischgericht vervollkommen. Ganz süß, unter Zucker verborgen, überraschen sie mitunter beim Nachtisch.

In Pinzgau und Pongau sind es die **Nocken**, die dem Knödel Konkurrenz machen. Der Lungau hat es mit den »Hasenöhrl«-**Käsegerichten**. Kaspressknödel und die Kasnocken gehören zum Pinzgau, ebenso wie die »Nüdei«, »Farfeln« und »Bladln«.

Pinzgauer Bierkäs', Flachgauer Schaf- und Ziegenkäse, Radstädter Sauerkäs', Nockenkas' und ein feiner

Jede Region hat ihre eigene Spezialität

Frischkäse mit Kräutern aus dem Pongau stehen auf dem Speiseplan der Käseliebhaber. Und ein besonderer Tipp: Die meisten dieser Käsespezialitäten kann man direkt vom Bauern beziehen.

Aus den Gewässern des Flachgaus und des Salzkammerguts kommen Saiblinge, Bachforellen und die schmackhaften Äschen.

Beliebte **Fleischgerichte** sind Bauernbratl, Bierfleisch (in Schwarzbier gedünstetes Rindfleisch) und Schweinsbratl. Gutes Lamm fürs »Bauernschöpserne« und Rindfleisch aus der Tauernregion stehen hoch im Kurs.

Im Lungau werden zu Fronleichnam »Prangnüdei« gebacken, das sind kleine **Krapfen** aus Germteig. Relikt eines uralten Opferkultes ist der Brauch des »Gebildbrotes«, der im Pinzgau verbreitet ist. Gebildbrote galten als Glücksbringer und wurden an Kinder, Verwandte und Arme verteilt. Heute noch bekommen die Kinder zu Ostern einen »Osterfleck«, ein mit gefärbten Eiern verziertes Fladenbrot.

In der **Weihnachtszeit** wird überall in Salzburg »Kletzenbrot« (Brot mit getrockneten Birnen) gebacken. In alten Zeiten wurde am Heiligen Abend ein großer, schön verzierter Laib vom

Essen und Trinken

Im Jahr 1890 erfand ein Salzburger Konditor die süße Köstlichkeit aus Marzipan, Pistazien und Nougat – die Mozartkugel.

Die anderen Mozartkugeln sind deswegen nicht »falsch«. Sie sind in der Konsistenz nahezu ähnlich. Doch nach einem Gerichtsurteil (OGH 4 Ob2131/96b) dürfen die Mitbewerber ihre Kugeln nur unter der Bezeichnung »Mozartkugel«, »Echte Salzburger Mozartkugel« oder »Austria Mozartkugel« verkaufen. Ein Genuss sind sie alle.

Salzburgs Landesgetränk ist das **Bier**. Schon vor 900 Jahren soll es im gesamten Alpenland den Durst gelöscht haben. Im Mittelalter besaß jeder Bürger das Recht, Bier zu brauen. Die ausgedehnten Hopfenfelder zu beiden Seiten der Salzach lieferten den Rohstoff. Bierbrauen als selbstständiges Gewerbe kam im 13. Jh. auf, und die erste Brauerei Salzburgs wird 1374 erwähnt. Ein Jahrhundert später zählte man bereits sieben Brauereien in der Stadt. Ende des 17. Jh. gab es im Erzstift Salzburg nicht weniger als 95 Bierbrauereien.

Hausvater gesegnet, angeschnitten und an alle Hausleut' verteilt. Am 24. Dezember, dem so genannten Bachltag, wurde zu Mittag das »Bachlkoch« gegessen, ein Mehlbrei, mit Mus oder Honig verfeinert.

Was dem Pinzgauer sein Bachlkoch, ist dem Lungauer sein »Rahmkoch«, eine kalorienreiche Süßspeise aus Rahm, Mehl, Butter, Zimt, Zucker, Anis und Korinthen. Im Tennengau gibt es die Abtenauer Hauberlkrapfen, in Pinzgau und Pongau Rohrnudeln, Moosbeernudeln, Kerschflenken, Himmelnudeln mit Mohn und Zucker, die dann »Buamazipfei« oder »Weananudeln« heißen, oder »Honiglempen«.

Eine weitere Köstlichkeit sind die **Mozartkugeln**, jene weltberühmten Pralinen aus Marzipan, Nougat und Bitterschokolade. Als echt gilt nur die »Original Mozartkugel« der Konditorei Fürst, denn Paul Fürst hat das köstliche runde Ding erfunden.

Eine Wohltat und zugleich ein Allheilmittel nach einem schweren Essen ist eine andere landestypische Spezialität: der »Vogelbeerschnaps«.

Restaurants sind bei den einzelnen Orten im Kapitel »Unterwegs in Salzburg und im Salzburger Land« beschrieben.

MERIAN-Tipp

 Salzburger Nockerln

Diese typische bürgerliche Speise des 19. Jh. und Ausdruck des frühen großbürgerlich-adeligen Salzburg-Tourismus ist weltweit bekannt. Kurz vor 1900 wurde das Salzburger Nockerl in die Kochbücher und in die Salzburger Gastronomie eingeführt. Die Süßspeise, die im Wesentlichen aus Eischnee besteht, findet sich leider nicht immer auf den Speisekarten. Doch wenn, dann wird sie begeistert von Jung und Alt bestellt.

MERIAN live!-QUIZ

GEWINNSPIEL: Monat für Monat eine Reise und weitere attraktive Preise zu gewinnen!

Um wen, was oder welchen Ort geht es hier?

 Worüber die Leute so alles streiten. Was ist echt, was original? Selbst die Feinheit der Sprache birgt Konfliktpotenzial. So auch der Name der hier gesuchten Sache und wer ihn wie nutzen darf.

Um 1890 ersann ein gewisser Fürst etwas, das er nach einem Salzburger benannte, der 99 Jahre zuvor verstarb. In jeder Hinsicht rund, wurde die Sache ein Verkaufserfolg. Um die Kreation entbrannte aber ein Streit, den die Erben des Erfinders und ihre Konkurrenz bis zum Obersten Gerichtshof trieben. Original sei nur, was ursprünglich ist. Echt darf sich die erkennbare Kopie nennen, in Abgrenzung zum Original. Da lächeln die Chinesen.

Original entsteht die Sache selbst, mal sportlich formuliert, so: Damit es zu keinem Eckball kommt, wird sie aufgespießt, bevor sie in eine Verwicklung gerät. Später ist sie so rund wie das meist wässerige Tor, dem sie sich nähert.

Ihr Hauptbestandteil geht auf das arabische »mautaban« (»sitzender König«) zurück, eine Münze, die während der Kreuzzüge kursierte und Christus auf dem Thron zeigte. Die Venezianer kopierten sie als »mattapan«. Der Begriff ging auf ein Kistchen über, worin einst die Essenz der gesuchten Sache geliefert wurde. Im Deutschen hieß der Inhalt so ähnlich wie diese Kiste. Der Volksmund, da der Inhalt aus Venedig kam, machte sich einen eigenen Reim drauf: Das Wort käme von »Brot des Markus« (lat. »Marci panis«). Auch darüber ließe sich streiten.

FELIX WOERTHER

Wenn Sie die Lösung wissen, besuchen Sie uns doch im Internet unter **www.merian.de/quiz** oder senden Sie uns eine E-Mail an **quiz@travel-house-media.de**
Unter den Einsendern verlosen wir Monat für Monat attraktive Preise. Viel Glück!

presented by

Einkaufen

Der Mix macht's – mal traditionell in der Getreidegasse oder topaktuell auf der Shopping-Meile.

Die Salzburger Altstadt ist für ihre exklusiven Shopping-Adressen bekannt. Hier sind nicht nur die großen Labels und Marken vertreten, sondern auch noch traditionelle Familien- und Handwerksbetriebe, wie etwa das Trachtengeschäft Madl.

Einkaufen 21

Unweigerlich wird man in der Geburtsstadt des Komponisten an allen Ecken an ihn erinnert. Die Auslagen in den Feinkost-, Delikatessen- und Lebensmittelgeschäften tun ein Übriges dazu. Denn nicht nur die süße Kugel wurde nach Mozart benannt – weit gefehlt! Der berühmte Wolfgang Amadeus stand auch Pate bei Schokoladentalern, Kaffee, Likör und vielem mehr.

Als Mitbringsel macht sich Mozart natürlich immer gut. Aber wer sich schon einmal in dieser Region aufhält, der sollte all die anderen landestypischen Erzeugnisse auf keinen Fall versäumen: Loden- und Trachtenstoffe – verarbeitet zu schicken Kleidern, Anzügen und Mänteln –, Trockenblumensträuße, Hinterglasbilder mit religiösen Motiven, bemalte Möbel und Antiquitäten aus bäuerlichen Haushalten. Aus dem benachbarten Oberösterreich werden die »Goiserer« importiert – besonders strapazierfähige Schuhe, die sich auch zum Wandern eignen. Sie werden in Bad Goisern im Salzkammergut in Handarbeit gefertigt.

Wer es auf Schnäppchen abgesehen hat, ist bei folgenden Adressen von Outlets, Fabrik- und Werksverkäufen gut aufgehoben:

Besonders gut zu Salzburg passt der Werksverkauf von »Salzburg Schokolade« in der Hauptstraße 14 in 5082 Grödig. Das Schokoladenparadies für Naschkatzen bietet viele Sonderangebote und Artikel, die wegen minimaler Mängel als Ware zweiter Wahl eingestuft werden müssen (Öffnungszeiten Mo–Do 7.30–18, Fr 7.30–17 Uhr; www.schoko.at).

»Sax Trachtenschuherzeugung« bietet direkt vom Produzenten klassisch gefertigte Haferlschuhe sowie Landhausmode für Damen und Herren und weiteres »bodenständiges« Schuhwerk – zu finden in Dorfbeuern 52 (Gemeinde Michaelbeuern). Die Inhaber Elisabeth und Christian Sax pflegen gerne den persönlichen Kontakt zu ihren Kunden – fachkundige Beratung inklusive (Öffnungszeiten Mo–Fr 8–12 und 14–18, Sa 8–12 Uhr, Mi nachmittags geschl.; www.sax-schuhe.at).

Im Jahr 2009 kommt ein weiteres Ziel für Schnäppchenfans hinzu. Dann nämlich öffnet das Designer Outlet Salzburg seine Tore (die Eröffnung soll in der ersten Jahreshälfte stattfinden). Der Bau dieses Factory-Outlet-Centers an Stelle des ehemaligen Airportcenters in Wals-Himmelreich im Flachgau hat bereits begonnen. Ein fantastisches Shopping-Ziel mit über 140 Geschäften soll hier entstehen, das für 2 Mio. Besucher ausgelegt ist. Es dürfen ausschließlich Auslaufmodelle, Überschussware oder Artikel zweiter Wahl verkauft werden, und die Preise müssen um 30 bis 70 % unter dem regulären Verkaufspreis liegen.

Mozart, Trachten und Antiquitäten

In Salzburg Stadt findet man in rund 400 Geschäften nahezu alles, was das Herz begehrt: angefangen bei Designer- über Trachtenmoden bis hin zu Antiquitäten, Schmuck, Büchern oder CDs.

Die Hauptgeschäftsbereiche liegen im Stadtzentrum links und rechts der Salzach, vor allem in der Juden-, Getreide- und Kaigasse, auf dem Mozartplatz und dem Alten Markt, in der Linzer Gasse sowie auf dem Makart- und Mirabellplatz. In der größtenteils zur Fußgängerzone erklärten Altstadt stört kein lärmender Verkehr den gemütlichen Schaufensterbummel.

Die Fußgängerzone lädt zum Einkaufsbummel ein

Die Hofapotheke in Salzburg (→ S. 39) beeindruckt mit prächtiger Rokoko-Einrichtung.

Alte Salzburger Familienbetriebe schreiben Erfolgsgeschichte. Firmen und Geschäfte, in denen das Betriebs-Knowhow von einer Generation an die andere übergeben wird, verbreiten ein Flair, das auch den Kunden ein besonderes Erlebnis bietet. Dazu gehören Feinkost Kölbl in der Theatergasse 2, der Spirituosenhändler Sporer in der Getreidegasse 39, Leder Schliesselberger in der Ledererergasse 5, Optiker Gollhofer in der Linzergasse 50, Knopferlmayer am Rathausplatz 1, Papier Ivo Haas in der Griesgasse 10 oder auch Kirchtag Schirme in der Getreidegasse 22.

Ein guter Tipp für schlechtes Wetter: Der **Europark** (⟶ S. 110, c 3) wurde vom Start im September 1997 weg zu Österreichs faszinierendster Shopping-Mall. Über 80 Shops und Restaurants erwarten den Besucher im Europark direkt an der A1, Autobahnausfahrt Salzburg-Klessheim. Und was den Salzburgern recht ist, kann den Urlaubern nur billig sein. Zwar sind die Inhaber der traditionsreichen Salzburger Geschäfte in der Altstadt nicht un-

MERIAN-Tipp

4 Grünmarkt

Gleich hinter der Schranne in Salzburg befindet sich der kleine Grünmarkt aus Holzhütten, ein Kontrast zum turbulenten Schrannenmarkt. Am bauchigen Ende des Universitätsplatzes bieten Händler aus Stadt und Land an Werktagen von 6 bis 19 Uhr, samstags von 6 bis 13 Uhr von knackigen Bauernäpfeln über exotische Früchte und Gemüse bis hin zum deftigen Schweinsbraten oder zu eisgekühlten Meeresfrüchten eine Vielfalt feil, die das Herz eines jeden Gourmets höher schlagen lässt. Für den Grünmarkt ist sich übrigens auch die »bessere Gesellschaft« nicht zu fein ...

⟶ Umschlagkarte hinten, c 4

bedingt erpicht auf eine Abwanderung der Kunden auf die Grüne Wiese – seit der Eröffnung des erweiterten Centers am 6. Oktober 2005 schon gar nicht. Doch die Angebote hier wie dort tun sich nichts. Die Hauptgeschäftsstraßen im Zentrum haben nach wie vor ihren ganz speziellen Charme und ihr besonderes Angebot. Die Center-Öffnungszeiten sind Mo–Fr 9 bis 19.30 Uhr, Sa 9 –17 Uhr.

wie »Buchteln«, »gebackene Mäuse« oder »Pofesen« (→ S. 98) verströmen hier ihre verführerischen Düfte.

Außer dem Schrannenmarkt gibt es eine Reihe von Bauernmärkten, auf denen Spezialitäten des Landes feilgeboten werden. Als feste Einrichtung öffnet der Biobauernmarkt ganzjährig (Mi 8–12 Uhr) im Shopping Center Süd

Wunderschöne Märkte

Nicht nur Einheimische, sondern auch Touristen nutzen gern die regelmäßig stattfindenden Märkte, von denen es mehrere in der Mozartstadt gibt. So herrscht zum Beispiel jeden Donnerstag von 5 bis 13 Uhr ein buntes Treiben rund um die Andräkirche beim Schrannenmarkt. Neben Obst und Gemüse, Fleisch, Blumen und Honig aus der Region werden hier auch Handarbeiten angeboten. Frische »Backhendl«, heiße »Würstel« oder bodenständige Mehlspeisen in der Alpenstraße 107 seine Pforten; ebenso die Biobauernmärkte der Erzeuger-Verbraucher-Initiative EVI am Mirabellplatz (Do 7.30–12.30 Uhr) und am Pagodenplatz (Fr 8–13 Uhr).

Märkte gibt es in der Regel einmal wöchentlich auch in allen größeren Orten »draußen« im Salzburger Land.

Geschäfte und andere Einkaufsmöglichkeiten sind bei den einzelnen Orten im Kapitel »Unterwegs in Salzburg und im Salzburger Land« beschrieben.

Der Salzburger Grünmarkt (→ MERIAN-Tipp, S. 22) bietet Delikatessen und Blumen.

Feste und Events

Musik und Theater, Kunst und Kultur pur. Unterhaltung vom Feinsten, nicht nur am Abend.

Zum ersten Mal erklangen die »Jedermann«-Rufe vor dem Salzburger Dom 1920. Seitdem erfreuen die Salzburger Festspiele jeden Sommer viele Besucher aus aller Welt. Im Bild Buhlschaft Veronica Ferres mit Regisseur Christian Stückl.

Feste und Events 25

Bunt und abwechslungsreich gestalten sich die zahlreichen Sommer- und Seefeste, Musik-, Kirchen- und Brauchtumsveranstaltungen, die sich durch das ganze Salzburger Land ziehen. Traditionell eröffnen zum Beispiel im Tennengau und im Flachgau die Prangerstutzenschützen mit Getöse jedes Fest. Im Lungau tanzt der Riese Samson (→ MERIAN-Tipp, S. 27). Die Mozartstadt hebt sich vom ländlichen Festkalender schon durch den berühmten Ruf »Jeeederrrmaaann« ab, der seit 1920 bei den Salzburger Festspielen über den Domplatz hallt. Die Salzburger Schlosskonzerte würdigen mit jährlich über 250 Veranstaltungen im Schloss Mirabell, in der fürstbischöflichen Residenz und auf der Festung Werke berühmter Komponisten. Nicht zuletzt hat Salzburg sich einen Namen als Tagungs-, Kongress- und Messestadt gemacht.

Januar/Februar
Mozartwoche
Internationale Künstler und renommierte Orchester präsentieren zehn bis zwölf Tage lang Werke Mozarts.
www.salzburg.info; Ende Januar

März/April
Osterfestspiele
Herbert von Karajan rief die Osterfestspiele ins Leben, die aus zwei Aufführungszyklen mit je einer Oper, einem Oratorium und zwei Orchesterkonzerten bestehen.
www.salzburg.info; Mitte April

Mai/Juni
Pfingstkonzerte
Auch die Pfingstkonzerte gehen auf das Konto von Herbert von Karajan. Bestritten werden sie jedes Jahr von einem anderen Orchester internationalen Ranges.
www.salzburg.info; Mai

Palmeselritt in Hintersee
Brauchtum wird in dem 400-Seelen-Dorf Hintersee hochgehalten. So reitet hier der dienstälteste Ministrant auf dem Palmesel durch den Ort, ein Brauch, der in abgewandelter Form nur noch in Puch bei Salzburg und im Lungau gepflegt wird.
Palmsonntag

Juni/Juli
Chorfestival
Seit 1995 ist Salzburg Bühne für eine der größten Chorveranstaltungen Österreichs. Hunderte von Chören wetteifern bei einem Wertungssingen im Kongresshaus, dem ein Gemeinschaftssingen auf dem Domplatz folgt.
www.chorus2000.com

Juli/August
Rangeln auf dem Hundstein
Gerangelt wird auf dem 2117 m hohen Hundstein Ende Juli oder Anfang August. Wilde Kämpfe liefern sich die starken Rangler, die hier oben einem urtümlichen alpinen Kampfsport huldigen. Der Sieger im »Jakobi-Rangeln« darf ein Jahr lang den Titel »Hagmoar« tragen. Zu tausenden kommen die überwiegend einheimischen Zuschauer zu diesem Spektakel.
Erster Sonntag nach Jakobi

Salzburger Festspiele
Seit über 75 Jahren ziehen sie von Mitte Juli bis Ende August wie ein Magnet zahlreiche Besucher aus aller Welt und unterschiedlichster Couleur in die Stadt: die Salzburger Festspiele. Dann steht auch die ganze Stadt Kopf: Die Geschäfte sind länger geöffnet, die Preise steigen, und es ist schwieriger, eine Bleibe zu finden. Das Festival ist seit 1920, als Max Reinhardt »Jedermann« von Hugo von Hofmannsthal erstmals auf dem Domplatz in Szene setzte, facettenreicher geworden. Das Stück ist auch heute noch der Hit der Festspiele. Zu ihm gesellten sich aber im Laufe der Zeit wechselnde Theaterproduktionen und zahlreiche Konzerte sowie Opernaufführungen.
www.salzburgfestival.com

Weithin strahlt das helle Leuchten der Friedenslicht-Laterne in der Adventszeit über den Wolfgangsee bei St. Wolfgang (→ S. 59).

August

Fest in Hellbrunn
1970 wurde das Fest in Hellbrunn aus der Taufe gehoben. Seitdem findet es Jahr für Jahr im Schloss und an verschiedenen Spielplätzen im Park statt. Geboten wird eine bunte Mischung aus Theater, Lesungen, Oper, Liederzyklen, Musik und Tanz.
1. und 2. Augustwochenende

Diabelli-Sommer Mattsee
Die Festspiele vor den Toren Salzburgs stehen im Zeichen von Anton Diabelli (1781–1858), der von Beethoven geschätzt und von Joseph Haydn besonders gefördert wurde. Der in Mattsee geborene und in Wien lebende Künstler wurde für seine Variationen bekannter Werke von Beethoven, Liszt, Joseph und Michael Haydn, Mozart und Schubert schon zeitlebens besonders geachtet. In diesem Festival verbinden sich Hochkultur und Volkskultur ohne Widerspruch.
www.diabellisommer.at

»HeuArt« – Kunst aus Heu im Lammertal
Beim Heufigurenumzug werden die Figuren auf prächtig geschmückten Wagen durch den Ort gezogen und begeistern tausende Besucher. Jedes Jahr ist eine andere Gemeinde dran. 2008 findet der Umzug in Lungötz statt. Zuvor wird nächtelang geschweißt, gezimmert und gebunden.
Letztes Augustwochenende

Internationales Jazzfestival in Saalfelden
Seit 1978 treffen sich im späten Sommer Musiker aus aller Herren Länder, um die neuesten Entwicklungen des zeitgenössischen Jazz vorzustellen.
www.jazzsaalfelden.at

Schifferstechen in Oberndorf
Ein Geschicklichkeitsspiel nach dem Vorbild mittelalterlicher Ritterturniere liefern sich die Schiffergarde Oberndorf auf der Salzach beim Schifferstechen. Alle vier Jahre wird es von

der aufwändig inszenierten Piratenschlacht ersetzt.
Wochenende vor dem 15. August; nächster Termin 2011

Bauernherbst
Der Sommer neigt sich dem Ende zu. Kenner stehen dann in den Startlöchern für den Bauernherbst. Vor gut zehn Jahren ins Leben gerufen, hat sich diese Veranstaltung zum größten Fest im Salzburger Land gemausert. Rund 80 Orte feiern die Ernte und das Ende des Sommers mit über 2000 Veranstaltungen. Bunte Almabtriebe, Bauernmärkte, regionale Spezialitäten, bodenständige Volksmusik. Und das alles für Einheimische und Besucher gleichermaßen. Nicht inszeniert, sondern echt!
Ende August bis Ende Oktober

SEPTEMBER
Almabtrieb
Bunte Bänder, Blumenschmuck, Kuhglockengeläute: Der Almabtrieb ist ein sehenswertes Spektakel. Ein großes Fest schließt sich an.
Jedes Wochenende im September

Samsontreffen im Lungau (→ MERIAN-Tipp, S. 27): Die Riesen unterscheiden sich durch Größe und Farbe der Kleidung.

OKTOBER
Salzburger Kulturtage
Für Opern-, Musik- und Ballettfreunde wird seit dem Jahr 1972 diese preisgünstige Alternative zu den Festspielen angeboten.
www.salzburg.info; letzte beiden Oktoberwochen

DEZEMBER
Adventskonzerte
Adventskonzerte und Adventssingen finden in vielen Orten statt und sind meistens mit einem Weihnachtsmarkt gepaart. Das berühmteste ist wohl das Adventssingen in Salzburg. Historisch angehaucht ist das in Oberndorf, wo das Weihnachtslied »Stille Nacht« einst entstand.

Wolfgangseer Advent
Kerzenlicht, Fackelschein und wärmende Feuerstellen – lohnenswert, auch wenn Sie dabei kurz das Salzburger Land verlassen und nach Oberösterreich »einreisen« müssen.
www.wolfgangseer-advent.at

MERIAN-Tipp

 Der Riese Samson tanzt im Lungau

Sein Tänzchen wagt die bis zu 6 m hohe und rund 80 kg schwere Figur, die von einem einzigen Mann getragen wird, an Fronleichnam und im Sommer in Mauterndorf, St. Michael, Muhr, Tamsweg, Ramingstein, Lessach, Mariapfarr und in Unternberg. Meist ist der Riese Samson in Begleitung zweier großköpfiger Zwerge. Wann er wo genau unterwegs ist, erfährt man bei der Ferienregion Lungau.

Ferienregion Lungau, 5582 Lungau; Tel. 0 64 77/89 88; www.lungau.at

⟶ S. 120/121 C 22/D 23

Sport und Freizeit

Wandern, Skifahren, Surfen – nahezu jeder Sportbegeisterte findet hier sein Steckenpferd.

Bergfreunde können sich im Salzburger Land auf unzähligen Wanderwegen an einer imposanten Natur erfreuen, wie hier bei Saalbach-Hinterglemm (→ S. 74).

Sport und Freizeit 29

Aktivurlaubern zeigt sich das Bundesland Salzburg von seiner besten Seite. Österreich und mit ihm das Salzburger Land spielten seit jeher eine Vorreiterrolle bei der Vermarktung ihrer zahllosen Sportmöglichkeiten. Hier findet jeder Sportler genau, was er sucht.

Auch Extremsportarten wie Riverrafting auf reißenden Gebirgsflüssen sind in dieser Region fast schon Tradition. Fallschirm- und Drachenfliegen, Paragliden, Canyoning und Eisklettern finden ebenfalls regen Zulauf. Dort, wo Skifahrer und Snowboarder winters ihre Spuren hinterlassen, trifft man im Frühjahr, Sommer und Herbst Wander- und Kletterfreunde auf ihrem Weg zu Almen und Gipfelkreuzen. Noch höher hinauf kommen allerdings die Ballonfahrer. Dem, der sich in den Korb eines Heißluftballons wagt, liegt das gesamte Salzburger Land zu Füßen. Wer's trotz dieser Aussicht ein wenig beschaulicher liebt, begibt sich an Flüsse und Seen, wirft den Angelhaken in das Wasser und wartet auf den großen Fang.

Bergsteigen und Wandern
7200 km markierte Wanderwege ziehen sich durch die sanften Hügel vom Alpenvorland bis hin zu den Dreitausendern in den Hohen Tauern. Vom gemütlichen Spaziergang bis zur Klettertour, vom Halbtagesausflug bis zum mehrtägigen Trecking sind zahlreiche Möglichkeiten mit und ohne Führer vorhanden. Die Fülle an außergewöhnlichen Landschaften – vom sanften Hügelland rund um die Seen im Norden zum Wechselspiel von grünen Grasbergen, schroffen Felsgipfeln und malerischen Bergseen im Süden des Salzburger Landes – ist einfach eine Reise wert. Immerhin sind mehr als 10 % der Region Teil des Nationalparks Hohe Tauern. Viele Nebentäler sind übrigens autofrei, aber mit Linien- oder Wanderbussen gut erschlossen.

Drachenfliegen und Paragliding
Paraglideschulen bieten für den Flug durch die alpine Bergwelt ihre Hilfe an. Manche lehren auch das Drachenfliegen. Wer mal reinschnuppern will, kann sich bei einem Tandemflug einem erfahrenen Paraglider anvertrauen.

Resort Zwilling ⤐ S. 115 D 10
5441 Abtenau; Tel. 0 62 43/30 69-0, Fax 30 69-17; E-Mail: info@zwilling-resort.at; Schnupperkurs für einen halben Tag Paragliden ca. 50 €

Fallschirmspringen
Ein Fallschirmabsprung als Passagier (Tandemspringen) ist auf alle Fälle ein Erlebnis. Auskünfte:
Österreichischer Aeroclub
⤐ S. 110/111, D/C 2
Schafgasse 561, 5071 Wels; Tel. 06 64/ 1 06 88 95, Fax 85 49 35; E-Mail: h.prosch @flyhigh.at, www.aeroclub-salzburg.at; Preise auf Anfrage

Golf
Um die 20 Golfanlagen laden derzeit zum Abschlag ein, weitere befinden sich in Planung. Über die jeweiligen Preise und die detaillierten Spielbedingungen sollte man sich bei den einzelnen Betreibern informieren.
Auskünfte bei
Österreichischer Golf-Verband
Marxergasse 25, 1030 Wien;
Tel. 01/5 05 32 45, Fax 5 05 49 62;
E-Mail: oegv@golf.at, www.golf.at

Laufen und Nordic Walking
Laufen im Salzburger Land und auch in und um die Stadt Salzburg ist in den vergangenen Jahren ein nicht mehr wegzudenkender Freizeitsport geworden, an dem sich Einheimische wie Urlauber gleichermaßen beteiligen. Es gibt inzwischen eine Reihe von Volksläufen aller Schwierigkeitsgrade und Längen, rund um die Seen, Halb-Marathon und Marathonstrecken, dazu natürlich Bergläufe. Das alles begleitet von Laufseminaren, die auch speziell für Frauen angeboten werden.

Sport und Freizeit

Beim Raften auf der Salzach geht es nicht immer so beschaulich zu.

Rasanten Zuwachs verzeichnet auch Nordic Walking. Fast jeder Tourismusort bietet Trainingstage oder -wochen. Routen sind frisch beschildert.

Detaillierte und ständig aktualisierte Auskünfte gibt es unter www.salzburgerland.com in den entsprechenden Rubriken.

Rad fahren
Ein 2000 km langes Netz markierter Radwege überzieht das Land. Neben dem Tauernradweg nehmen der Salzkammergutradweg, der Ennsradweg, der Mozartweg und der Murradweg im Salzburger Land ihren Anfang. Karten und Tipps für preiswerte Unterkünfte gibt es im Prospekt »Salzburger Radjournal«, erhältlich beim
Salzburger Land ····> S. 111, D 2
Postfach 1, 5300 Hallwang;
Tel. 06 62/66 88-0, Fax 66 88-66

Reiten
Auf Reiterferien haben sich 30 Orte im Salzburger Land spezialisiert. Allein in Seekirchen stehen drei Reiterhöfe zur Auswahl. Wanderreiten wird vor allem in den Hohen Tauern, im Gasteiner Tal und in der Sportwelt Amadé angeboten. Besonders schöne Wege finden sich im Lungau. Weitere Informationen gibt es unter www.salzburgerland.com.

Riverrafting und Canyoning
Die abenteuerlichste und längste Wildwasserfahrt im Salzburger Land führt in Begleitung eines geprüften Bootsführers in etwa zwei Stunden 15 km lang durch die wildromantische Naturlandschaft zwischen der Kitzlochklamm und Schwarzach. Der Spaß kostet inklusive Jause ab 38 €.
Infos erteilt das
Rafting Center Taxenbach
 ····> S. 118, B 17
Tel. 06 64/4 02 51 49;
E-Mail: info@raftingcenter.com;
www.raftingcenter.com

Segeln und Surfen
Beliebte Segelreviere sind der Fuschlsee oder der Wolfgangsee im Salzkammergut. Surfer fühlen sich vor allem auf den flachen, warmen Seen des Salzburger Alpenvorlandes zu Hause. Informationen erhalten Sie an den jeweiligen Urlaubsorten.

Ski fahren
634 Liftanlagen verbandeln die Salzburger Bergwelt und machen die Abfahrten auf rund 2000 Pistenkilometern möglich. Da bleibt nur noch die Qual der Wahl, welche Skischaukel man nimmt.

In allen großen 22 Skiregionen des Salzburger Landes und den angrenzenden Skigebieten gilt die Salzburg Super Ski Card. Damit lassen sich alle Liftschranken ohne Berührung passieren.

Natürlich kommen auch Snowboarder, Langläufer und Tourengeher in den weitläufigen Wintersportgebieten nicht zu kurz. Und auch für die so genannten Funsportarten wie Snowbiking, Snowtubing usw. haben die Regionen ein offenes Herz.

Familientipps – Hits für Kids

Wildparks, Naturkunde- und Freilichtmuseen verbinden eindrucksvoll Spielen und Lernen.

Neben einer lustigen Reise mit der Westerneisenbahn bietet der Kindererlebnispark Straßwalchen zahlreiche tolle Attraktionen aus der Märchenwelt.

Familientipps – Hits für Kids

Es gibt für jede Altersgruppe etwas zu sehen und zu erleben. Egal, ob man auf den Seen im Flachgau Boot fährt oder auf der Sommerrodelbahn in Fuschl talwärts saust, in Rauris Gold wäscht, in Hellbrunn seine eigenen Wasserspiele veranstaltet, den Tiergarten besucht oder ins Salzburger Spielzeugmuseum geht.

Einige Hotels und Gasthöfe haben sich ganz auf die kleinen Gäste konzentriert und bieten in so genannten Babyhotels eine Rundumversorgung für die Jüngsten. Größere Kinder treffen sich gerne auf der Alpenvereinswiese in Weißbach bei Lofer. In diesem Kinderlager des Österreichischen Alpenvereins können Kinder auch ohne Eltern Urlaub machen. Viele Orte haben gemeinsam ein komplettes Kinder-Wochenprogramm erarbeitet. Was den Kindern lieb ist, ist den Eltern (relativ) billig, denn die meisten Betreiber bieten Kinderermäßigungen für Übernachtung und Verpflegung. Übrigens: Kinderbetreuung ist bei dem einen oder anderen Anbieter auch bereits im Preis inbegriffen.

Freilichtmuseum Großgmain
···> S. 110, B/C 4

Vom Heustadel über Mühlen und Sägen bis hin zu stattlichen Höfen und Wohnhäusern sind die stummen Zeitzeugen aus dem 16. bis 19. Jh. hier auf 50 ha Fläche vereint. Zum Toben gibt's den Abenteuerspielplatz. Vielfältige Handwerksvorführungen.
Hasenweg, 5084 Grossgmain; www.freilichtmuseum.com; April–Okt. Di–So 9–18 Uhr; Eintritt 7 €, Schüler 3,50 €

Goldwaschen in Rauris
···> S. 118, B 18

Auch wenn die aufregende Zeit des offiziellen Goldabbaus längst vorbei ist, so kann man im Sommer in Rauris immer noch das edle Metall waschen.
www.goldwaschen.at;
Grubenfeld Bodenhaus; Juni–Okt. 9–16.30 Uhr; 6 €
Sportalm; Mo 14 Uhr; 4 €, inkl. Goldwaschlehrgang u. a.
Heimalm; tgl. 9–16 Uhr; 4 €, inkl. Goldwaschschüsselverleih

Haus der Natur
···> Umschlagkarte hinten, b 3

Dieses weltweit bekannte Naturkundemuseum wurde 1924 nach didaktischen Gesichtspunkten aufgebaut. Heute erwarten den Besucher eine Weltraumhalle, ein Aquarium, lebende Insektenstaaten, eine Reise durch den menschlichen Körper und ein Reptilienzoo. Eine Tonbildschau gibt Einblick in die Phänomene der Natur. Spannend für Kinder ist sicherlich die Saurierhalle, die Rekonstruktionen und Originalskelette der ausgestorbenen Großechsen zeigt. In der Weltraumhalle finden die geheimen Kinderwünsche Nahrung. Wechselnde Veranstaltungen.
Museumsplatz 5, Salzburg; Tel. 06 62/84 26 53-0; E-Mail: office@hausdernatur.at, www.hausdernatur.at; tgl. 9–17 Uhr; Eintritt 5 €, Kinder 3 €

Kindererlebnispark Straßwalchen
···> S. 111, E 1

Bei der Reise durch das Land der Feen, Zwerge und Feuer speienden Drachen stößt man auch auf ein Piratenschiff, auf eine Westerneisenbahn, auf ein Indianerlager und auf andere merkwürdige Dinge.
Märchenpark 1, 5204 Straßwalchen; www.erlebnispark.at; Mitte April–Ende Okt. tgl. 10–18 Uhr; Eintritt 13,50 €, Kinder 12,50 €

Wildpark Ferleiten
···> S. 117, F 15

Mitten im Familienwandergebiet Fusch liegt der Wildpark Ferleiten, in dem über 200 Tiere, darunter Steinböcke, Murmeltiere, Bisons, Wölfe, Luchse und auch ein paar Bären, zu Hause sind. Greifvogelvorführungen (tgl. außer Mo 11 und um 15 Uhr), außerdem ein großer Erlebnisspielpark.
Tel. 0 65 46/2 20; www.wildpark-ferleiten.at; Mai–Nov. tgl. 8 Uhr bis Einbruch der Dunkelheit; Eintritt 5,50 €, Kinder 3 €

Unterwegs in Salzburg und im Salzburger Land

Am Wolfgangsee findet sich immer ein idyllisches Fleckchen. Am Ufer des Sees liegt St. Wolfgang (→ S. 59), berühmt für den Gasthof Weißes Rössl. Sehenswert sind dort aber auch die romantischen Gassen und die 800 Jahre alte Wallfahrtskirche.

Schöne Städte und kleine Orte mit Vergangenheit inmitten einer abwechslungsreichen Gebirgslandschaft bieten Kultur- und Naturfreunden viel Spielraum für Unternehmungen.

Salzburg

Kleinstädtischer Charme gepaart mit großzügigem Denken und eine allgegenwärtige Geschichte.

Der Mozartplatz vor dem Dom lädt zu einer Pause von der Entdeckungstour ein – am besten bei einer Portion Salzburger Nockerln (→ MERIAN-Tipp, S. 18) im Café Glockenspiel.

Man nennt Salzburg auch die »Festspielstadt«. Denn als Max Reinhardt zusammen mit einigen Kollegen Anfang des 20. Jh. die Salzburger Festspiele ins Leben rief, gab dies einen neuen Impuls, dessen Auswirkungen auf das Leben der Stadt bis heute überall spürbar sind. Prominenz, Schickeria und jedermann sonst ist gern dabei, wenn in Salzburg was los ist. Nicht nur, wenn zum wiederholten Mal seit dem Jahr 1920 das »Jeeederrrmaaann« über den Domplatz schallt.

Salzburg
⸺⸺⸺⸻▷ S. 110/111, C/D 3

148 000 Einwohner
Stadtplan → Umschlagkarte hinten

Salzburg hat eine stolze Vergangenheit. Eine Geschichte, in der die Erzbischöfe zugleich die weltlichen und geistlichen Herrscher waren, musste sich zwangsläufig im kulturellen Gepräge der Stadt an der Salzach niederschlagen. Heute noch bestimmen über 100 Kirchen, Schlösser und Paläste das prächtige Erscheinungsbild der Stadt.

Irgendwie stand Salzburg immer auf der Sonnenseite der Geschichte. Das Salz war lange Jahre die Haupteinnahmequelle der Erzbischöfe. Salzburg verdankt dem weißen Gold seinen Namen und auch seinen Wohlstand, denn der Salzhandel war die Basis für die wirtschaftliche Entwicklung der Stadt.

Und Mozart wurde hier geboren, damals das Enfant terrible der Musikszene, der Vielschreiber unter den Komponisten. Allein der Name Mozart lässt viele Salzburger gut leben. Denn sein Namenszug prangt auf Skiern, grüßt von Büchern, Kalendern, T-Shirts, natürlich den Mozartkugeln und, und, und. Der Komponist ist allgegenwärtig. »Mozartstadt« wird Salzburg seinetwegen genannt – und das nicht ungern.

Gegen Brauchtum und Festspielrummel setzte eine junge Szene zeitgenössische Kunst als Gegengewicht. Die »Szene Salzburg« startete in den späten Sechzigerjahren als das Alternativ-Festival, und sie hat sich heute abseits von Salzburg-Klischee und Mozartkugel einen festen Platz erobert, mit internationalem Renommee.

HOTELS/ANDERE UNTERKÜNFTE
Blaue Gans, »artHotel«
⸺⸺▷ Umschlagkarte hinten, c 4
Vom ältesten Wirtshaus der Getreidegasse zum ersten »artHotel« Salzburgs: ein bewohnbares Kunstwerk, das Tradition und Innovation verbindet. Alle Räume tragen die Handschrift des Salzburger Modern-Art-Künstlers Erich Schobesberger.
Getreidegasse 41–43; Tel. 06 62/84 24 91-50, Fax 8 24 91-9; E-Mail: office@blauegans.at; 44 Zimmer
●●●● CREDIT 🐾

Goldener Hirsch
⸺⸺▷ Umschlagkarte hinten, c 4
Im Herzen der Altstadt, nahe beim Festspielhaus gelegen. Hier verbindet sich der Charme der Vergangenheit mit modernstem Luxus.
Getreidegasse 37; Tel. 06 62/80 84-0, Fax 84 33 49; E-Mail: goldenerhirsch@luxurycollection.com; 69 Zimmer
●●●● CREDIT 🐾

Schloss Mönchstein
⸺⸺▷ Umschlagkarte hinten, a 2
Ein romantisches Schlosshotel mit einer Hochzeitskapelle und einem exklusiven Restaurant, dem »Paris Lodron«.
Mönchsberg Park 26; Tel. 06 62/84 85 55-0, Fax 84 85 59; E-Mail: salzburg@monchstein. at; 17 Zimmer ●●●● CREDIT ♿ 🐾

Chiemsee
⸺⸺▷ Umschlagkarte hinten, e 4
Kleine Pension im Zentrum Salzburgs.
Chiemseegasse 5; Tel. 06 62/84 42 08, Fax 84 42 08-70; www.sbg.at/hotel-chiemsee/; 6 Zimmer ●● MASTER VISA 🐾

Zum Hirschen Best Western
---> Umschlagkarte hinten, nördl. b 1
Stadthotel in zentraler Lage nur einige Gehminuten vom Hauptbahnhof, Mirabellgarten und Zentrum entfernt. Das Haus, mit einer 300 qm großen Dachterrassen-Wellnessanlage und dem Biowirtshaus »Hirschenwirt«, bietet traditionelle Salzburger Gemütlichkeit in gediegener Atmosphäre.
St.-Julien-Str. 21–23; Tel. 06 62/88 90 30, Fax 8 89 03 58; E-Mail: info@zumhirschen.at, www.zumhirschen.at; 64 Zimmer •••
CREDIT

Pension Adlerhof
---> Umschlagkarte hinten, nördlich c 1
Familiengeführtes stilvolles Haus, 3 Gehminuten vom Bahnhof und ca. 15 Gehminuten zur Altstadt.
Elisabethstr. 25; Tel. 06 62/87 52 36; 30 Zimmer ••

Überfuhr
---> Umschlagkarte hinten, südöstl. f 4
Behaglich-gediegen, am Salzach-Ufer. Die Innenstadt ist zu Fuß noch gut zu erreichen.
Ignaz-Rieder-Kai 43; Tel. 06 62/62 30 10-0, Fax 62 30 10-4; www.ueberfuhr.at; 20 Zimmer •• CREDIT

SPAZIERGÄNGE
Sie haben nur wenig Zeit, möchten aber das Wichtigste von Salzburg sehen? Dann folgen Sie diesem Vorschlag (→ Umschlagkarte hinten).

Vom **Mozartplatz** mit dem Mozartdenkmal geht es über den weitläufigen **Residenzplatz** zum **Domplatz**. Hier befindet sich der beste Ausgangspunkt für eine Eroberung der **Festung**, denn es sind nur wenige Schritte bis zur Standseilbahn. Der Rückweg führt über den romantischen **Petersfriedhof** zur Pacher Madonna in der **Franziskanerkirche**. Von dort vorbei an den **Festspielhäusern** und an der **Pferdeschwemme** aus dem 17. Jh. gelangen Sie in die **Getreidegasse**. Das Haus Nummer 9 ist die wichtigste Mozart-Gedenkstätte Salzburgs, sein Geburtshaus, in dem heute das **Mozart-Museum** untergebracht ist. Am Ende dieser Gasse befindet sich der **Alte Markt** und in der Mitte dieses hübschen Platzes der Florianibrunnen.

Durch die Neustadt
→ Umschlagkarte hinten
Vom schmucken **Café Bazar** (Schwarzstr. 3) gehen Sie an der Salzach entlang Richtung Norden. Die Uferpromenade führt zum **Mirabellgarten**. Der Zwergerlgarten mit seinen skurrilen Gnomen, der immergrüne Irrgarten, das Heckentheater, das Barockmuseum und eine Galerie laden dazu ein, sich hier einige Zeit aufzuhalten. Der Marmorsaal im **Schloss Mirabell**, erreichbar über die barocke Engelstiege, zählt zu den schönsten Konzertsälen Europas.

Über den **Makartplatz** und die **Bergstraße** gelangen Sie in die **Linzer Gasse**, eine beliebte Einkaufsstraße, in der auch die **St.-Sebastians-Kirche** steht. Auf dem angrenzenden kleinen Friedhof liegen Mozarts Frau Constanze und sein Vater Leopold begraben. Hier befindet sich auch die letzte Ruhestätte des berühmten Heilkundigen Paracelsus und das **Wolf-Dietrich-Mausoleum**. Am entgegengesetzten Ende der Linzer Gasse führt der Weg in die schmale **Steingasse** mit einigen netten Abendlokalen.

Mit dem Fiaker durch die Altstadt
Eine beschauliche Art, die Salzburger Altstadt zu sehen. Die Standardrouten der Pferdedroschken führen vom Residenzplatz über den Kapitelplatz, den Domplatz, das Festspielhaus, den Herbert-von-Karajan-Platz, die Münzgasse, die Griesgasse, den Fischmarkt, den Franz-Josef-Kai, den Mönchsberglift, die Pferdeschwemme, die Siegmund-Haffner-Gasse und den Alten Markt zurück zum Residenzplatz. Preis pro Gespann (4 Personen) für 20–25 Minuten ca. 33 €, für ca. 50 Minuten ca. 130 €; Tel. 06 62/43 58 94; E-Mail: office@fiaker-salzburg.at

SEHENSWERTES
Alter Markt
⸺⋯⋯> Umschlagkarte hinten, d 4
Ein beschaulicher Platz, gesäumt von Bürgerhäusern aus dem 17. Jh. Hier steht das kleinste Haus Salzburgs (Hausnummer 10 a). Hineingequetscht in einen Spalt zwischen zwei großen Häusern, bietet es sogar genügend Raum für ein Geschäft.

Sehenswert auf diesem Platz sind der Florianibrunnen und die fürsterzbischöfliche **Hofapotheke**, die ganz im Rokokostil eingerichtet ist.

Dom ⸺⋯⋯> Umschlagkarte hinten, d 4/5
Nachdem der mittelalterliche Dom 1598 abgebrannt war, begann man 1614 mit dem Neubau nach Plänen des Baumeisters Santino Solari, der hier frühbarocken Stil mit römischen Bauideen verband. Das Gotteshaus bietet Platz für 10 000 Menschen. 1628 fand die feierliche Einweihung statt. Die Türme wurden erst 1652 bis 1665 vollendet. 1959 musste der Dom nach Bombenschäden vollständig restauriert werden. Und so zeigt er sich heute: An der dreiachsigen strengen Fassade mit vorgelagerter Balustrade beeindrucken die auf Sockeln stehenden Monumentalfiguren. Die Portalheiligen stellen Rupert, Virgil, Petrus und Paulus dar, im Mittelgeschoss sind die vier Evangelisten abgebildet, am Giebel Moses und Elias. Gekrönt wird die Fassade von der Giebelfigur des Heilands als Retter der Welt.

Beeindruckend sind auch die drei mächtigen Bronzeportale, die von links Glaube, Liebe und Hoffnung darstellen (1957/58). Nach dem Langhaus gelangt man in den Saalraum. Die gigantische achteckige Vierungskuppel spendet Licht. Hier vorne stehen auch die drei Hauptaltäre und die Grabmäler der Bauherren. In der Vierungskrypta, deren Eingang im südlichen Teil des Kuppelraumes liegt, befindet sich seit 1957 die Gruft für die Erzbischöfe. Der Eingang in das unterirdische Domgrabungsmuseum befin-

Beeindruckend – die lichtdurchflutete Vierungskapelle des Salzburger Doms.

det sich unter dem nördlichen Dombogen am Residenzplatz. Bedeutende Beispiele deutscher Barockmalerei finden sich in den nördlichen und südlichen Seitenkapellen. Sehenswert ist auch das Bronzetaufbecken aus dem Jahre 1321, das auf Löwenfiguren aus dem 12. Jh. ruht – sie stammen aus der vorherigen romanischen Kirche. Die neue Hauptorgel von 1988, ein rein mechanisches Instrument, zählt zu den besten Orgeln Österreichs. Der Orgelprospekt stammt noch aus der Zeit um 1700.

Domplatz; keine Besichtigung während der Gottesdienste

Domplatz
⸺⋯⋯> Umschlagkarte hinten, d 4/5
Hier wurde 1920 mit der ersten »Jedermann«-Aufführung der Grundstock zu den Salzburger Festspielen gelegt. Im Zentrum des Platzes steht die Mariensäule von 1771.

Erzabtei St. Peter

⇢ Umschlagkarte hinten, d 5

Das Stift St. Peter bildet als Benediktiner-Erzabtei den historischen Kern des alten Salzburg. Die Anlage stammt vorwiegend aus dem 16. und 17. Jh. und umschließt drei Innenhöfe. In der Mitte des ersten Hofes steht der **St.-Rupertus-Brunnen**, ein alter Schöpfbrunnen aus dem 17. Jh., der 1927 wieder aufgebaut wurde. Durch ein Tor erreicht man dann den Haupthof mit dem **Petrusbrunnen** (1673), der ursprünglich als Fischbehälter diente. Der dritte Stiftshof ist für Besucher nicht zugänglich.

Die Stiftskirche St. Peter stammt aus dem 12. Jh. Die ursprünglich romanische Basilika wurde zwischen 1605 und 1624 sowie zwischen 1760 und 1785 tiefgreifend verändert. Die Kuppel wurde 1622 errichtet und 1657 erhöht. Die spätbarocken Deckenfresken stammen, wie die meisten Wandbilder, von Franz Xaver König (1758). Die Malereien der 16 Marmor-Seitenaltäre wurden 1775 bis 1782 von Martin Johann Schmidt – genannt Kremser-Schmidt – geschaffen. Von ihm stammt auch das Hochaltarbild mit den Heiligen Petrus, Paulus und Benedikt vor Maria (1778).

Das »Felsengrab« des hl. Rupert befindet sich im rechten Seitenschiff. Gleich gegenüber liegt das klassizistische Epitaph für Johann Michael Haydn, der wie sein Bruder Joseph ein begnadeter Komponist war.

St.-Peter-Bezirk; Mai–Sept. Di–So 10.30–17 Uhr, Okt.–April Mi/Do 10.30–15.30, Fr/So 10.30–16 Uhr; Eintritt frei, Katakomben 1 €, Kinder 0,60 €

Festspielhaus

⇢ Umschlagkarte hinten, c 4

Das Festspielgebäude, einst Winterreitschule, wurde 1926 zu einem Mehrzweckfestsaal umgebaut.

In den Jahren bis 1937 wurden die barocken Räume so umgestaltet, dass hier Opern, Schauspiele und Konzerte stattfinden konnten. Die Fassade des ehemaligen **Hofmarstalls**, die J. B. Fischer von Erlach (1694) schuf, ist noch zum größten Teil in der ursprünglichen Form erhalten.

Das Foyer des Kleinen Festspielhauses schmücken Fresken von Anton Faistauer (1926). Österreichische Kunst auch im Zentralfoyer: Hier findet sich eine Orpheusstatue des zeitgenössischen Bildhauers Alfred Hrdlicka.

Durch die ehemalige **Winterreitschule** mit dem rund 600 qm großen Deckenfresko von Johann Michael Rottmayr und Christoph Lederwasch (1690) gelangt man in die ehemalige **Sommer- bzw. Felsenreitschule**. Die dreigeschossigen Zuschauerarkaden, die in die steil aufragenden Wände des ehemaligen Steinbruchs am Mönchsberg eingegraben sind, bilden heute einen Teil der Kulisse für Freilichtaufführungen.

Hofstallgasse 1, Besichtigung nur mit Führung (in der Regel 14 und 15.30 Uhr); Eintritt 5 €, Kinder 2,90 €

Festung Hohensalzburg 👫

⇢ Umschlagkarte hinten, d 5/e 6

Mitteleuropas größte vollständig erhaltene Burganlage ist das Wahrzeichen Salzburgs. Sie liegt 120 m hoch über der Salzach auf dem Festungsberg und bietet einen herrlichen Blick auf die Stadt und die angrenzende Bergwelt. Man erreicht die Festung mit der Standseilbahn oder zu Fuß in 20 Minuten. So wie sich die Festung heute zeigt, wurde sie größtenteils während der Amtszeit des Erzbischofs Leonhard von Keutschach (1495–1519) im 15. Jh. erbaut. Die letzten Bauherren waren Erzbischof Paris Lodron (1619–1653) und Max Gandolf von Kuenburg (1668–1687). Von 1816 bis zum Zweiten Weltkrieg diente die Festung als Kaserne und zeitweise als Gefängnis. Heute wird sie teils als Museum, teils privat genutzt.

Der Zugang zum äußeren Burgring führt durch drei Tore über eine Zugbrücke, durch das Bürgermeistertor erreicht man den Zwinger. Von hier

Salzburg

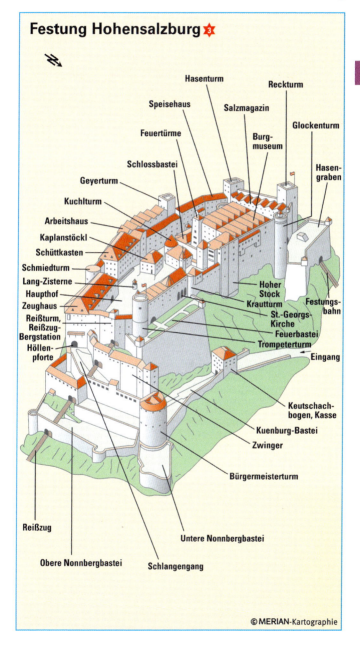

Im 17. Jahrhundert wurde der bezaubernde Garten von Schloss Mirabell gestaltet.

geht es weiter über eine steile Treppe und durch die Höllenpforte oder geradewegs durch die Rossin den äußeren Burghof.

Im **Inneren Burghof** befindet sich der Hohe Stock, der Palas, den man nur während der Führung besichtigen kann. Im obersten Stock ist der **Salzburger Stier** installiert, eine Walzenorgel mit 200 zinnernen Pfeifen, die wechselnde Melodien spielen. Die **Fürstenzimmer** im dritten und vierten Stock des Gebäudes zählen zu den schönsten gotischen Profanräumen Mitteleuropas.

Sehenswert ist auch die **Goldene Stube**, deren Wände und Wappendecke mit gotischem Rankenwerk und Blattgold überzogen sind. Besonderes Schmuckstück: der Kachelofen aus dem Jahr 1501 mit Motiven aus der Heilsgeschichte. Weiteres Prunkstück ist der **Goldene Saal** mit goldenen Kugeln an einer blauen Holzdecke.
Mönchsberg 34; www.salzburg-burgen.at, www.festungsbahn.at; Juni–Aug. 9–13, Mai, Sept. 9–19, Okt.–April 9–17.30 Uhr, Ostern und Adventwochenenden 9–19 Uhr; letzter Einlass in den Innenbereich jeweils eine halbe Stunde früher; Eintritt (inkl. Festungsbahn) 10 €, Kinder 5,70 €, Revision der Festungsbahn im Januar und im November

Festungsbahn
⟶ Umschlagkarte hinten, d 5
In 70 Sekunden bringt die Standseilbahn (Abfahrt Festungsgasse) die Besucher hinauf zur Burg. Im Fahrpreis ist der Eintritt in die Burghöfe enthalten.
Jan.–April und Okt.–Dez. tgl. 9–17, Mai–Aug. tgl. 9–22, Sept. tgl. 9–21 Uhr, im Nov. ca. 2 Wochen Revision; Berg- und Talfahrt 3,40 €, Kinder (bis 14 Jahre) 1,80 €

Franziskanerkirche
⟶ Umschlagkarte hinten, d 4
Die Ursprünge der Kirche gehen auf das 8. Jh. zurück. Der Bau erfuhr im Lauf der Zeit viele Veränderungen, wie z. B. die meisterhaften Neugestaltungen des Hochaltars von Michael Pacher und in seiner jetzigen Form von Johann Bernhard Fischer von Erlach.
Franziskanergasse 5; keine Besichtigung während der Gottesdienste

Salzburg

Friedhof St. Peter
⋯⋯> Umschlagkarte hinten, d 5
Seine Anfänge reichen bis ins spätrömische Juvavum zurück. Umgeben von Arkaden, die viele Epitaphe und kunstvoll geschmiedete Eisengitter enthalten, gilt er als mystischer Ort und diente schon als dramatische Kulisse legendärer »Faust«-Aufführungen.
St.-Peter-Bezirk

Getreidegasse
⋯⋯> Umschlagkarte hinten, c 4
Das Herzstück von Österreichs schönstem Einkaufszentrum beeindruckt durch seine Ursprünglichkeit. Lange Zeit war diese Straße als Verlängerung der Judengasse der einzige durchgängige Straßenzug der Stadt. Zahlreiche reich verzierte Schilder, kunstvolle Portale, gepflegte Fassaden und idyllische Arkadenhöfe bilden den idealen Hintergrund für das pulsierende Geschäftsleben dieser Gasse. Jedes Schild für sich ist ein kleines Kunstwerk.

Berühmt sind aber auch die so genannten »Durchhäuser«: Die Getreidegasse besitzt auf der ganzen Länge keine Quergasse, und lange Zeit waren diese Häuserdurchgänge einziger Zugang zur Salzach und zum Universitätsplatz. Im Gegensatz zu den meist einfachen Fassaden sind die Innenhöfe mit ihren Arkaden, den Laubengängen, den Portalen aus Untersberger Marmor, den teilweise engen Stiegenhäusern und detailreichem architektonischen Dekor eine wahre Augenweide. Das älteste dieser Häuser ist das Schatz-Durchhaus, das 1363 erstmals urkundlich erwähnt wird.

Kapuzinerberg
⋯⋯> Umschlagkarte hinten, e 3/f 2
Schöne Aussichtspunkte mit wunderbaren Blicken über Salzburg. Von der Steingasse oder von der Linzer Gasse (vorbei an spätbarocken Kreuzwegstationen) führen Stufen hinauf zum Kapuzinerkloster (1599–1602). Die geschnitzten gotischen Eichentüren des alten romanischen Doms wurden hier als Kirchenportal verwendet.

Schattige Wege führen zum Franziskischlösschen (mit Gastronomie, Mi–So 10–19 Uhr; Tel. 06 62/87 25 95) aus dem 17. Jh., das den Bewachern der Stadtmauer als Unterkunft diente. Auf 573 m liegt die Bayerische Aussicht, auf 608 m folgt die Stadt-Aussicht. Der Weg zum Gipfel des Kapuzinerberges (638 m) ist übrigens relativ wenig frequentiert.
Kapuzinerberg 6

Mirabellgarten ♥♥
⋯⋯> Umschlagkarte hinten, c 2
Nicht nur das Schloss Mirabell mit dem vielleicht schönsten Trauungssaal der Welt vermag zu bezaubern, auch dessen Garten, der unter Fürsterzbischof Johann Ernst Graf Thun durch Fischer von Erlach um 1690 gestaltet wurde, durch Franz Anton Danreiter aber erhebliche Veränderungen erfuhr (1730): Brunnen und Fontänen, Skulpturengruppen, der skurrile Zwerglgarten, herrliche Blumenarrangements, der Irrgarten und das Heckentheater lassen jedes Besucherherz höher schlagen.
Mirabellplatz

Mozarteum
⋯⋯> Umschlagkarte hinten, c 2
Die Internationale Stiftung Mozarteum mit zwei Konzertsälen und dem Mozart-Archiv hat in diesem Jugendstilbau ihre Heimat gefunden.
Schwarzstr. 26; Tel. 06 62/8 89 40-0,
Fax 8 89 40-36; www.mozarteum.at

Mozartplatz
⋯⋯> Umschlagkarte hinten, e 4
Im Zentrum gelegen, erhält dieser Platz besondere Bedeutung durch das mächtige bronzene Mozartdenkmal, geschaffen von Ludwig von Schwanthaler und 1842 hier aufgestellt.

Mozarts Geburtshaus
⋯⋯> Umschlagkarte hinten, c 4
Das Geburtshaus aller Geburtshäuser in der Festspielstadt – hier wurde 1756

Mozart geboren – befindet sich in der Getreidegasse und beherbergt im 3. Stock, in der einstigen Wohnung der Familie Mozart, das Mozart-Museum.
Getreidegasse 9; www.mozarteum.at; Sept.–Juni tgl. 9–18, Juli–Aug. tgl. 9–19 Uhr; Eintritt 6,50 €, Kinder 1,50 €

Mozart-Wohnhaus

···> Umschlagkarte hinten, d 3

Nach dem Umbau vor einigen Jahren präsentiert sich das Mozart-Wohnhaus in neuem Glanz. In diesem Gebäude soll der Musiker zwischen 1773 und 1780 viele Stücke komponiert haben. Die Ausstellung, die sich durch die einzelnen Räume zieht, gibt einen perfekten Überblick über Leben und Wirken Mozarts und seiner Familie. Erklärungen über Audio-Guide. Tipp: Das Mozart-Wohnhaus ist weniger überlaufen als Mozarts Geburtshaus.
Makartplatz 8; Tel. 06 62/87 42 27 40; www.mozarteum.at; tgl. 9–18, Juli–Aug. 9–19 Uhr; Eintritt 6,50 €, Kinder 1,50 €

Pferdeschwemme

···> Umschlagkarte hinten, b/c 4

Die Pferdeschwemme wurde 1695 nach Plänen von J. B. Fischer von Erlach erbaut. Man führte die Pferde durch das Wasserbecken, tränkte sie und kühlte ihre Fesseln. Beachtenswert ist die Rossbändigergruppe aus Marmor und die dahinter liegende Giebelwand mit Pferdefresken.
Herbert-von-Karajan-Platz

Residenz

···> Umschlagkarte hinten, d 4

Zwischen 1600 und 1619 erhielt der ursprünglich aus dem Jahr 1120 stammende Bau seine heutige Gestalt und wurde 1660 um ein Stockwerk erhöht. Bis ins Jahr 1803 residierten hier die Salzburger Fürstbischöfe. Die Bautrakte gruppieren sich um drei Innenhöfe und wirken als Kontrast zu der eher schlicht gehaltenen Fassade am Residenzplatz. Durch das kleine Marmorportal mit den Wappen der Erzbischöfe Wolf Dietrich von Raitenau, Paris Lodron und Franz Anton Harrach gelangt man in den Haupthof mit Arkaden und dem Herkulesbrunnen.

Die Besichtigung der Prunkräume in der zweiten Etage führt zuerst in den Carabinierisaal. Der anschließende **Rittersaal** ist sozusagen Vorraum zu den landesfürstlichen Räumen mit Konferenzzimmer, Antecamera, Audienzsaal und den Privatgemächern. Die Beletage beherbergt zudem den **Thronsaal**, den **Weißen Saal** – auch Markus-Sittikus-Saal genannt – und den **Kaisersaal**. Sehenswert ist die »Schöne Galerie« nach einem Entwurf von Johann Lukas von Hildebrandt von 1710. Das Deckenfresko von Johann Michael Rottmayr (1711) zeigt Allegorien der Künste und Wissenschaften. In der nächsten Etage befindet sich die Residenzgalerie (→ S. 47).
Residenzplatz 1; Rundgang mit Audio-Guides tgl. 10–17 Uhr; bei Veranstaltungen keine Besichtigungsmöglichkeit; Eintritt Prunkräume und Galerie 8,20 €, Kinder 2,60 €

Residenzplatz

···> Umschlagkarte hinten, d 4

Der Residenzplatz ist sozusagen Mittelpunkt der Altstadt. Der barocke Residenzbrunnen aus Untersberger Marmor ist ein beliebter Treffpunkt. Darüber hinaus erfreuen sich die zahlreichen Besucher am weltberühmten **Salzburger Glockenspiel**, das täglich um 7, 11 und 18 Uhr vom Turm des Residenz-Neugebäudes erklingt. Das aus Antwerpen stammende Glockenspiel wurde 1702 eingerichtet. Und natürlich sind es Mozartmelodien, die die 35 Glocken – im monatlichen Wechsel – erklingen lassen. Auf das Glockenspiel antwortet der Salzburger Stier, das akustische Wahrzeichen der Stadt.

Schloss Mirabell

···> Umschlagkarte hinten, c 1/2

1606 ließ Erzbischof Wolf Dietrich das Schloss als Landsitz für seine Gefährtin Salome Alt errichten. Mit ihr hatte der geistliche Würdenträger 15 Kinder!

In der Geburtsstadt Mozarts ist der Komponist auch heute noch überall präsent.

Der ehemalige Landsitz »Altenau« wurde 1818 nach dem Stadtbrand in schlichterer Form wieder aufgebaut. Heute beherbergt er die Stadtverwaltung und -bibliothek. Sehenswert ist der Marmorsaal im 1. Stock. Früher diente er als Speisesaal, heute finden Konzerte und Hochzeitsfeiern statt.
Mirabellplatz; Tel. 06 62/8 07 20; Mo–Fr 9–16 Uhr; Eintritt frei

St. Sebastian
·····> Umschlagkarte hinten, e 2

St. Sebastian wurde Anfang des 16. Jh. erbaut und bereits 1749 bis 1753 im Stil des Rokoko umgestaltet. Sehenswert ist das Rokokoportal.
Linzergasse

St.-Sebastians-Friedhof
·····> Umschlagkarte hinten, e 2

Der St.-Sebastians-Friedhof wurde 1595 bis 1600 unter Erzbischof Wolf Dietrich von Raitenau nach dem Vorbild eines italienischen Campo Santo angelegt. Im Mittelpunkt des Friedhofs steht die Gabrielskapelle als Mausoleum Wolf Dietrichs (gestorben 1617). Die Ausstattung mit bunt glasierten Keramikfliesen – vermutlich in Anlehnung an iberische Vorbilder – erfolgte wohl auf Wunsch des Erzbischofs. In den Wandnischen stehen die Figuren der vier Evangelisten.

Am Wege zur Kapelle ruhen Mozarts Vater Leopold (1719–1787), Mozarts Frau Constanze (1762–1842) sowie Genoveva von Weber, die Mutter des Komponisten Carl Maria von Weber und Tante von Constanze Mozart. Auch der Arzt und Naturphilosoph Paracelsus (1493–1541) fand hier seine letzte Ruhestätte.
Linzergasse

Stift Nonnberg
·····> Umschlagkarte hinten, f 5

Um 700 vom hl. Rupert gegründet: Seine Nichte Erentrudis war erste Äbtissin des Benediktinerinnenklosters. Stift Nonnberg ist das älteste ununterbrochen bestehende Frauenkloster im deutschen Sprachraum. Die Stiftskirche, deren Bau im Jahr 1506/1507 vollendet war, ist eine spätgotische Basilika mit stimmungsvoller Krypta

MERIAN-Tipp

 Panoramaschiff

Erleben Sie Salzburgs Sehenswürdigkeiten vom Panoramaschiff aus. Zwei Touren werden angeboten: 45 Minuten dauert die eine, sie führt ohne Unterbrechung stadtauswärts. Die zweite Tour sieht eine Pause vor, in der man das barocke Schloss Hellbrunn besichtigen kann.

Rundfahrt 1: April 13–16, Mai 11–17 Uhr, Juni, Juli, Aug. 10.45–19, Sept. 12–17 Uhr, 1. Hälfte Okt. 14–16 Uhr; Rundfahrt 2 mit Hellbrunn: April, Mai, Sept. 13 Uhr, Juni, Juli, Aug. 10.45–13 Uhr, Oktober 14 Uhr; die Rundfahrt kostet für Erwachsene 13 €/16 €, für Kinder 7 €/10 €; Salzburg Stadt-Schiff-Fahrt GmbH & Co. KG, Anton-Adlgasser-Weg 22; Tel. 06 62/82 58 58, Fax 82 58 59; E-Mail: info@salzburgschifffahrt.at

⤑ Umschlagkarte hinten, c 3

(18 Säulen). Sehenswert sind das Netzrippengewölbe und das Felsengrab der Erentrudis in der Krypta, die hochromanischen Fresken (etwa 1150) unter dem Nonnenchor und der wertvolle geschnitzte gotische Flügelaltar (1515).
Nonnberggasse 2

Universitätskirche

⤑ Umschlagkarte hinten, c 4

Dieses Meisterwerk von J. B. Fischer von Erlach gehört zu den bedeutendsten Sakralbauten Europas und stellt gleichzeitig eine Synthese der großen Architektursysteme dar. 1707 wurde die Kirche eingeweiht.
Universitätsplatz

Zauberflötenhäuschen

⤑ Umschlagkarte hinten, c 2

In diesem kleinen Holzpavillon komponierte Wolfgang Amadeus Mozart 1791 die »Zauberflöte«. Als Mozart darin arbeitete, stand dieses Gartenhaus in Wien. 1873 wurde es nach Salzburg gebracht, und nach mehreren Standortwechseln innerhalb der Stadt kam es 1950 in den Bastionsgarten hinter dem Mozarteum. Emanuel Schikaneder hatte das Haus Carolino Augusteum Mozart zur Verfügung gestellt.
Schwarzstr. 26

MUSEEN UND GALERIEN
Domgrabungsmuseum

⤑ Umschlagkarte hinten, d 4

Hier sind Ausgrabungen aus römischer Zeit sowie des mittelalterlichen Domes zu sehen.
Residenzplatz; www.smca.at; Juli, Aug. tgl. 9–17 Uhr; Eintritt 2,50 €, Kinder 1,50 €

Dommuseum zu Salzburg

⤑ Umschlagkarte hinten, d 4/5

Das Dommuseum beherbergt den Domschatz sowie Kunstwerke aus der Erzdiözese Salzburg vom Mittelalter bis zum 19. Jh. Einige Stücke des Domschatzes erinnern an den Salzburger Patron, den hl. Rupert, z. B. das Rupertuskreuz aus dem 8. Jh. In der so genannten »Langen Galerie« ist die fürsterzbischöfliche Kunst- und Wunderkammer eingerichtet, die Kurioses aus dem 17. und 18. Jh. zeigt.
Domplatz; Mo–Sa 10–17, So und Feiertag 11–18 Uhr; Eintritt 5 €, Kinder 1,50 €

Galerie 5020

⤑ Umschlagkarte hinten, c/d 4

Junge Kunst aus Salzburg und internationale Avantgarde.
Sigmund-Haffner-Gasse 12/1; www. galerie5020.at; Di–Fr 14–18, Sa 10–13 Uhr; Eintritt frei

Haus der Natur

⤑ Umschlagkarte hinten, b 3

→ Familientipps, S. 33

Mozart Ton- und Filmmuseum

⤑ Umschlagkarte hinten, d 3

Im Mozart-Wohnhaus (→ S. 44) ist ein Ton- und Filmmuseum untergebracht, dem ein Archiv für Werkinterpretation

und für Dokumentar- und Spielfilme angeschlossen ist.
Makartplatz 8; Mo, Di und Fr 9–13, Mi, Do 13–17 Uhr; Eintritt frei

Museum der Moderne Salzburg
⋯⋯> Umschlagkarte hinten, b 3
In spektakulärer Lage an einer steil abfallenden Klippe des Mönchbergs liegt das neue museum der moderne salzburg auf drei Ebenen an der Stelle des ehemaligen Café Winkler. Seit Oktober 2004 wird hier gemeinsam mit dem Stammhaus Rupertinum in der Altstadt auf insgesamt 3000 qm zeitgenössische Kunst ausgestellt.
Mönchsberg 32; www.museumdermoderne.at; tgl. außer Mo 10–18, Mi 10–21 Uhr; Eintritt 8 €, Kinder 6 €

Residenzgalerie
⋯⋯> Umschlagkarte hinten, d 4
Herausragender Glanzpunkt der Gemäldegalerie des Landes Salzburg ist die niederländische Malerei. Vertreten sind außerdem noch italienische, französische und österreichische Meister des 19. Jh.
Residenzplatz 1; www.residenzgalerie.at; tgl. 10–17 Uhr, Mo geschl.; Eintritt 6 €, Kinder 2 €

Spielzeugmuseum 👫
⋯⋯> Umschlagkarte hinten, b 4
Auf drei Etagen zeigen viele tausend Exponate, womit kleine und große Kinder in den letzten 300 Jahren spielten. Holzspielzeug, Puppen, Puppenstuben, Eisenbahnen und Papierspielzeug sind hier ebenso zu sehen wie optische und physikalische Spielsachen, Zinnfiguren, Spielzeug aus Übersee und vieles mehr.
Die Kunstgewerbe- und Musikinstrumentensammlung im Bürgerspital präsentiert nicht nur Werke von höchster Kunstfertigkeit und langer handwerklicher Tradition, sie ist auch Spiegelbild gehobener Lebenshaltung vergangener Zeiten.
Bürgerspitalgasse 2; www.smca.at; tgl. 9–17 Uhr; Eintritt 3 €, Kinder 1 €

ESSEN UND TRINKEN
Auerhahn
⋯⋯> Umschlagkarte hinten, nördl. c 1
Klassische österreichische Küche, mit Gault-Millau-Hauben geadelt. Der Familienbetrieb hat ein treues Publikum. Schmankerl: die Topfenknödel.
Bahnhofstr. 15; Tel. 06 62/45 10 52, Fax 45 10 52-3; E-Mail: hotel@auerhahn-salzburg.at, www.auerhahn-salzburg.at; So Abend, Mo, 1 Woche im Feb. und 3 Wochen im Juli geschl. ●●●●

Schmaustheater
⋯⋯> Umschlagkarte hinten, d 4
Mitten in Salzburg, in den Gewölben unter dem K+K-Restaurant, würzen Gaukler und Bänkelsänger mit Schabernack und Moritaten ein uriges mittelalterliches Essvergnügen.
Waagplatz 2; Tel. 06 62/84 21 56; Reservierung erforderlich; das Spektakel findet ab einer Besucherzahl von 20 Personen statt; Preis auf Anfrage ●●●●

Der monumentale Sakralbau der Universitätskirche dient als wunderschöne Kulisse für ein sommerliches Abendessen.

Kaffeehaus mit Tradition – das Café Tomaselli in der Salzburger Altstadt.

Hangar-7. Die Welt der Flying Bulls
⟶ S. 110, c 3

An Stelle eines herkömmlichen Hangars wurde ein Platz geschaffen, an dem die Liebe zur Fliegerei und zur Kunst einander begegnen. Der Hangar-7 ist längst (Kult-)Stätte der Kunst und des Genusses geworden, mit Ausstellungen und Kulturveranstaltungen sowie mit zwei Bars und einem Restaurant unter dem Patronat von Eckart Witzigmann. Dazu gesellt sich das neue Zuhause einer besonderen Sammlung einzigartiger historischer Flugzeuge: der Flying Bulls.
Salzburg Airport, Wilhelm-Spazier-Str. 7a; Tel. 06 62/21 97; www.hangar-7.com; Hangar-7 Flugzeugsammlung: tgl. 9–22 Uhr; Restaurant Ikarus: tgl. Küche 12–14 und 18.30–22 Uhr; Lounge Carpe Diem: 9–19 Uhr; Bar Mayday: 17.30–3 Uhr ●●● MASTER

Augustiner Bräu, Müllner Bräustübl
⟶ Umschlagkarte hinten, a 1

Hier wird im Haus gebrautes Bier direkt aus Holzfässern in steinerne Krüge gezapft. Die Brotzeit wird hier zur Jause, die Zutaten holt man selbst an den neun »Standln« im Standlgang. Diese Verkaufsstände offerieren alles, was man braucht: »Radi« (Rettich), »Bierweckerl« (Brötchen), heißen Leberkäse, Wurst und Käse, zum Beispiel vom Mondsee. Selbstbedienung.
Augustinergasse 4, Kloster Mülln; www.augustinerbier.at; Mo–Fr 15–23, Sa, So und Feiertag 14.30–23 Uhr ●●

Die Weiße & Sudwerk Bar
⟶ Umschlagkarte hinten, f 1

Traditionelle Weißbierbrauerei mit jeweils 250 Sitzplätzen in den schmucken Gasträumen und im Garten. Hier wird seit 1901 helles und dunkles obergäriges Bier gebraut und in Bügelflaschen abgefüllt. Ganz neu: die Weißbierbar »Sudwerk«.
Rupertgasse 10; Tel. 06 62/87 22 46-0; www.dieweisse.at; Mo–Sa 10.30–24 Uhr; Sudwerk 18–3 Uhr, So und Feiertag geschl. ●● MASTER

Café Tomaselli

---> Umschlagkarte hinten, d 4

Die Kaffeehauslegende in Salzburg. Seit 1705 gibt es dieses Café auf zwei Etagen. Ein klassisches Kaffeehaus, wie es immer weniger gibt! Das Tomaselli bietet Platz für 310 Gäste, an warmen Tagen können 300 weitere Gäste im Garten ihre »Melange« oder den »Großen Braunen« ordern.
Alter Markt 9; Tel. 06 62/84 44 88-0, Fax 84 44 88 13; tgl. 7–21 Uhr

EINKAUFEN

Lanz ---> Umschlagkarte hinten, d 3
Wer exklusive und maßgeschneiderte Trachtenmode liebt, der ist hier genau richtig. Seit 70 Jahren gibt die Familie Lanz beim Trachtenschick den Ton an. Man hat Dirndl, Joppen und Janker gesellschaftsfähig gemacht.
Schwarzstr. 4; www.lanztrachten.at

Mozarts Geburtshaus

---> Umschlagkarte hinten, c 4

Tonträger werden hier verkauft mit Werken von Wolfgang Amadeus Mozart, die mit originalen Mozartinstrumenten aufgenommen worden sind, herausgegeben von der Internationalen Stiftung Mozarteum.
Getreidegasse 9

Stassny Trachten

---> Umschlagkarte hinten, c 4

Wenn's was ganz Besonderes sein soll: Bei Stassny gibt's erlesene Trachten auch nach Maß.
Getreidegasse 35; www.stassny.at

AM ABEND

Casino Salzburg

---> Umschlagkarte hinten, c 2

Roulette, Baccara, Black Jack, Seven Eleven, Glücksrad, Poker und Spielautomaten stehen täglich ab 15 Uhr im Schloss Klessheim allen zur Verfügung, die volljährig sind. Im Casino-Restaurant/Bar gibt es als Vorzugspaket »Dinner & Casino«.

Mit dem Auto auf der A 1, Abfahrt Klessheim (gut beschildert), oder mit dem Gratis-Shuttle stündlich 14.30–24 Uhr ab Mönchsberglift und Mirabellplatz.
Schloss Klessheim, 5071 Wals Siezenheim; Tel. 06 62/8 54 45 50; www.salzburg.casinos.at; tgl. ab 15 Uhr

Felsenkeller

---> Umschlagkarte hinten, c 5

Das stilvoll-urige Weinlokal wurde direkt in den Fels des Mönchsbergs gegraben. Gute Stimmung. Tipp: bei einem Viertel Grüner Veltliner zu Livemusik (Mi und Sa) die mitgebrachten Köstlichkeiten essen, die am Markt in Hülle und Fülle zu haben sind.
Toscaninihof 2 (bei den Möchsberggaragen); Tel. 06 62/84 31 76; So–Fr 15.30–24, Sa 10–24 Uhr

Flip ---> Umschlagkarte hinten, b 3
Night-Treff der Tanzmuffel. 80 verschiedene Cocktails finden sich auf der Karte. Im Sommer stehen einige Tische auch im Freien.
Gstättengasse 17; Tel. 06 62/84 36 43; tgl. 17–4 Uhr

MERIAN-Tipp

Venusbrüstchen

Eine süße Verführung aus Nougat, Maronenpüree und heller Schokolade beziehungsweise aus dunkler Schokolade und einer Amarenakirsche sind die »Capezzoli di Venere«, die so genannten »Venusbrüstchen«. Seit 1991 wird diese Köstlichkeit bei **Scio's Specereyen** in der Sigmund-Haffner-Gasse 16 in Salzburg nach einem nachempfundenen Rezept hergestellt. Das Geschäft, das heute ein Bistro mit Partyservice, Confiserie, Tee, Kaffee sowie mit erlesenen Weinen und Bränden ist, war zu Mozarts Zeiten die »Alte Hagenauerische Specereywarenhandlung«.

Tel. 06 62/84 16 38, Fax 84 34 23; Di–Sa 10–20 Uhr

---> Umschlagkarte hinten, c 4

Rockhouse Salzburg
···> Umschlagkarte hinten, nordöstl. f 1

Allein das Ambiente ist sehenswert, denn man trifft sich im über 400 Jahre alten Gewölbe. Das bewahrt die Anwohner vor dem Lärm von Hardcore, Ethno-Jazz, Heavy-Metal und Gospelkonzerten. Auch Kleinkunst und Workshops werden veranstaltet.
Schallmooser Hauptstr. 46; Tel. 06 62/88 49 14-0; Mo–Sa 18–3 Uhr

Salzburger Altstadtkeller
···> Umschlagkarte hinten, d 4

Das Musikwirtshaus im historischen Gewölbekeller bietet nicht nur jeden Donnerstag einen Volksmusikantenstammtisch, sondern auch täglich Livemusik. Österreichische Küche.
Rudolfskai 26; Tel. 06 62/84 96 88; Di–Sa 19–3 Uhr

Schwarze Katz
···> Umschlagkarte hinten, e 1

Hier kann man, wenn alle anderen Lokale schließen, den Abend ausklingen lassen oder, andersherum, den Morgen auf sich zukommen lassen, vorausgesetzt, man verfügt über einen gewissen Entdeckungsgeist und liebt den Nervenkitzel, denn hier trifft sich das ganze Spektrum von Nachtschwärmern.
Auerspergstr. 45; Tel. 06 62/87 54 05; Di–So 4–12 Uhr

Sternbräu Salzburg
···> Umschlagkarte hinten, c 3/4

Alles unter einem Dach: 13 Gasträume, mit Platz für 1700 Leute, dazu von Mai bis Ende Oktober täglich ein »Concerto Culinario«, ein festliches Menü nach Originalrezepten aus der Mozartzeit und mit Musikern, historisch gekleidet.
Griesgasse 23–25; Tel. 06 62/84 21 40; tgl. 9–24 Uhr

THEATER

Salzburg hat – neben den Festspielen – ein reiches Theaterleben. Die aktuellen Spielpläne für die Saison erhalten Sie über die Theater (→ Kartenvorverkaufsstellen, S. 104).

Kleines Theater
···> Umschlagkarte hinten, nordöstl. f 1

Schauspiel und Kabarett.
Schallmooser Hauptstr. 50; Tel. 06 62/87 21 54; Spielzeit Sept.–Juli

Landestheater Salzburg und Kammerspiele
···> Umschlagkarte hinten, c 2

Oper, Ballett, Schauspiel, Musicals und Jugendtheater.
Schwarzstr. 22; Tel. 06 62/87 15 12 24 11; Spielzeit Mitte Sept.–Mitte Juni

Salzburger Marionettentheater 👫
···> Umschlagkarte hinten, c 2

Kein Puppentheater im üblichen Sinn – für Kinder und Erwachsene. Gezeigt wird das Repertoire eines großen Opernhauses zu Aufnahmen der weltweit führenden Orchester und Sänger.
Schwarzstr. 24; Tel. 06 62/87 24 06; www.marionettentheater.at; Spielzeit Mai–Sept., während der Mozartwoche sowie an Ostern und Weihnachten

Schauspielhaus Salzburg
···> Umschlagkarte hinten, f 6

Klassisches und Modernes.
Erzabt-Klotz-Str. 22; Tel. 06 62/80 85 85; Spielzeit Sept.–Juni

Szene Salzburg
···> Umschlagkarte hinten, b 3

Tanztheater, Neue Medien, Rock, Jazz, Liedermacher.
Anton-Neumayr-Platz 2; Tel. 06 62/84 34 48; Spielzeit Juli (Festival, Sommerszene), sonst ohne feste Spielzeit

SERVICE
Auskunft
Salzburg-Information
···> Umschlagkarte hinten, b 1

Auerspergstr. 6, 5020 Salzburg; Tel. 06 62/88 98 7-0, Fax 88 98 7-32; E-Mail: tourist@salzburg.info, www.salzburg.info; Mo–Do 7.30–17, Fr 7.30–15 Uhr

Ziele in der Umgebung

Schloss Hellbrunn 👪
···> S. 111, D 3

Das von Fürsterzbischof Markus Sittikus erdachte Schloss Hellbrunn mit seinem herrlichen Park wurde Anfang des 17. Jh. von Hofbaumeister Santino Solari erbaut. Seine einzigartige Pracht erregte auch im Ausland Aufsehen. Die weitläufigen Parkanlagen, viele kulturelle Ereignisse und die Wasserspiele machen Hellbrunn zu einem unvergesslichen Erlebnis.
Fürstenweg 37; März, April, Okt. tgl. 9–16.30, Mai 9–17.30, Juni, Sept. 9–22 Uhr, Abendführungen Juli und Aug. stündl. von 18–22 Uhr; Führungsdauer Wasserspiele 30–40 Min., Schloss 15–20 Min.; Eintritt Erwachsene 8,50 €, Kinder 3,80 €; Park und Orangerie frei
5 km südl. von Salzburg

Schloss Hellbrunn feiert jeden August ein buntes Fest mit vielen Veranstaltungen.

Schloss Klessheim
···> S. 110, C 2

Ein erzbischöfliches Lustschloss war Schloss Klessheim einst. Johann Bernhard Fischer von Erlach erbaute es für Erzbischof Johann Ernst Graf Thun zwischen 1700 und 1709. Endgültig fertig gestellt wurde es 1732. Es ist nur von außen zu besichtigen. Wer dennoch einen Blick von der Pracht der Innenräume erhaschen möchte, muss das Casino Salzburg besuchen, das im Schloss untergebracht ist.
Klessheimerstr. 22; Tel. 06 62/85 44 55; www.casino-salzburg.at
4 km nördl. von Salzburg

Untersberg ···> S. 110, C 3

Der gewaltige Bergklotz des Untersbergs (1805 m) hat die Fantasie der Menschen angeregt und zur Bildung zahlreicher Legenden geführt. So ist Kaiser Karl der Große der Sage nach niemals gestorben, sondern mit seinen Getreuen tief im Inneren des Untersberges eingeschlafen. Aufwachen und den Aufrechten zu Hilfe eilen werden sie erst dann, wenn »des Reiches Not am höchsten gewachsen« und die Raben nicht mehr um den Gipfel fliegen.

Von St. Leonhard aus schwebt die Bahn über das Rosittental hinauf zum Geiereck. Genießen sollte man vor allem das großartige Panorama, das von den Salzkammergutseen bis zum ewigen Eis der Hohen Tauern reicht.
Ausgangspunkt St. Leonhard; Tel. 0 62 46/7 24 77; www.untersberg.net; die Seilbahn verkehrt halbstündlich Juli–Sept. 8.30–17.30; März–Juni und Okt. 9–17; 20. Dez.–Feb. 10–16 Uhr; Nov. kein Betrieb; im April 14 Tage Revision; Berg- und Talfahrt 18 €, Kinder 9 €
10 km südl. von Salzburg

Mozart – Österreichs liebster Musikus

Das ehemalige Wunderkind Mozart ist inzwischen über 250 Jahre alt und so aktuell wie nie.

Als kleiner Mann mit gepuderter Perücke wird er im 18. Jh. zum Stadtgespräch. Als Popstar zwischen Barock und Revolution sowie als das bekannteste Musikgenie aller Zeiten wird er auch über 250 Jahre nach seiner Geburt gefeiert: das Wunderkind Johannes Chrysostomos Wolfgangus Theophilus Mozart, landläufig bekannt als Wolfgang Amadeus Mozart.

Zwei Mozart-Denkmäler – eines am Mozartplatz und eines am Kapuzinerberg – erinnern im Stadtbild an das Genie. Denn Mozart hat es wie kein anderer verstanden, in seiner Musik Tradition und Zeitgeist zu verbinden und einen einzigartigen Stil zu schaffen. Über 350 seiner schönsten Werke entstehen in Salzburg, darunter auch seine erste Komposition im zarten Alter von fünf Jahren. Seine letzten zehn Jahre verbringt er in Wien, wo seine Karriere vor allem im Bereich der Oper neuen Höhepunkten zustrebt.

Doch zurück zu den Anfängen. Das Musikgenie, das nur 35 Jahre alt wurde, wird am 27. Januar 1756 als siebtes Kind des Leopold Mozart, Vizekapellmeister der Hofkapelle des Erzbischofs und Landesfürsten von Salzburg, und seiner Gattin Anna Maria Walpurga in der Getreidegasse 9 geboren (→ S. 43). In Mozarts Geburtshaus, dem so genannten »Hagenauer Haus«, das heute ein Museum mit vielen persönlichen Ausstellungsstücken ist, verlebt Mozart auch seine Jugendzeit.

Bei den beiden überlebenden Kindern Maria Anna, Nannerl genannt, und insbesondere bei ihrem jüngeren Bruder Wolferl macht sich schon in jungen Jahren eine außerordentliche musikalische Begabung bemerkbar.

DER PAPA ALS MANAGER

Leopold Mozart erkennt diese Talente frühzeitig und bringt seinen Kindern das Spiel auf Cembalo, Orgel und Geige bei. Vater Mozart erweist sich in der Folgezeit als erfolgreicher Manager seines Nachwuchses.

Am 12. Januar 1762 begibt sich Leopold Mozart mit seiner Familie zum ersten Mal auf eine Wienreise, bei der das Wunderkind mit seiner Schwester

MERIAN-Spezial

im Spiegelsaal von Schloss Schönbrunn vor Kaiserin Maria Theresia musiziert. Nach dem Konzert springt Klein-Wolferl der Monarchin auf den Schoß, küsst sie und erobert damit nicht nur ihr Herz im Sturm.

MOZART AUF REISEN

Für den jungen Mozart beginnt nun eine Zeit des Reisens, die fast ein Drittel seines kurzen Lebens ausfüllt und ihn an die glanzvollsten Fürstenhöfe führt. Die langen Reisen sichern nicht nur das Familieneinkommen, sie sind auch für die musikalische Weiterbildung Mozarts von großer Bedeutung.

Vor allem die lange Italienreise hinterlässt prägende Spuren. Hier trifft er auf die damaligen Größen der Musikwelt, von denen er entscheidende Impulse auf dem Gebiet der Polyphonie, des Kontrapunktes und der »opera buffa« erhält. Er selbst beeindruckt die Musikwelt Italiens so nachhaltig, dass er in Bologna als Mitglied in die Academia Filarmonica aufgenommen wird und von Papst Clemens XIV. den Orden vom Goldenen Sporn erhält.

Im Herbst 1773 zieht die Familie in das Haus am Hannibalplatz um, dem heutigen Mozart-Wohnhaus am Makartplatz 8 (→ S. 44), das unter dem Namen »Tanzmeisterhaus« bekannt war. Der Regierungswechsel 1772 in Salzburg zwingt Mozart, wieder ein streng geregeltes Leben zu führen. Denn mit Fürsterzbischof Hieronymus Graf Colloredo gelangt ein moderner Fürst der Aufklärung an die Herrschaft.

Mozart wird 1779 erneut als Hoforganist in den Hofdienst aufgenommen. Nach der erfolgreichen Aufführung des »Idomeneo« 1781 in München kommt es dann zum Bruch mit dem Salzburger Erzbischof.

Mozart geht nach Wien, das für sein Metier »der beste Ort von der Welt« zu sein schien. Dort versucht er, als freischaffender Künstler Fuß zu fassen. Seinen Lebensunterhalt verdient er vornehmlich als Opernkomponist.

Am 4. August 1782 heiratet er gegen den Willen seines Vaters Constanze Weber. Reisen führen ihn mit seiner Frau 1783 nach Salzburg und 1787 zweimal nach Prag.

Am 5. Dezember 1791 stirbt Mozart im Alter von 35 Jahren an »hitzigem Frieselfieber« in seinem Haus in der Rauhensteingasse in Wien. Heute wacht ein Engel auf dem Friedhof St. Marx über dem Grab des großen Musikgenies, dessen Werk bestimmt auch die nächsten 250 Jahre weltweit weiterleben wird.

In den historischen Räumen in Mozarts Geburtshaus (→ S. 43) werden neben Urkunden und Erinnerungsstücken auch einige Instrumente des Komponisten gezeigt, wie hier sein Konzertflügel.

Salzburger Seenland und Salzkammergut

Das liebliche Alpenvorland mit seiner Seenlandschaft entzückt seit jeher Literaten.

Im Salzburger Seenland pflegte man einst seine »Sommerfrische« zu verbringen. Ob beim romantischen Bootsausflug auf dem Wolfgangsee (→ S. 59) oder beim Bad im warmen Wallersee – auch heute noch erfreuen sich Besucher an dieser Landschaft.

Fuschl am See

"Nah der Stadt und doch am Land." Mit diesem Slogan wirbt der Flachgau für sich und zieht damit auch tatsächlich einen Großteil seiner Besucher an. Denn diese Region bietet den Komfort und die Stille einer ländlichen Idylle sowie die Nähe zu Salzburg. Die Mozartstadt ist vom Flachgau aus wirklich schnell zu erreichen. Egal, ob mit dem Auto oder mit öffentlichen Verkehrsmitteln: Die Schönheit dieses lieblichen Alpenvorlandes mit seinen zahlreichen Seen – Wallersee, Mattsee, Obertrumer See, Grabensee, Fuschlsee und ein Stück vom Wolfgangsee –, die Pforte zum Salzkammergut, wussten schon viele zu schätzen. Besonders angetan war Carl Zuckmayer von diesem Fleckchen Erde. »Wenn man mich damals gefragt hätte, wo das Paradies gelegen sei, so hätte ich ohne Zögern geantwortet: in Österreich, 16 km östlich von Salzburg an der Reichsstraße, dicht beim Wallersee.« Zwölf Jahre lang lebte der Schriftsteller am Wallersee in seinem Paradies.

Fuschl am See ---> S. 111, F 3

Der malerische Ort am Fuschlsee, der sich seinen Dorfcharakter bewahrt hat, zählt zu den beliebtesten Sommerbadeorten des Salzburger Landes. Dementsprechend ist er auch auf Gäste der unterschiedlichsten Couleur eingestellt: Vom Fünf-Sterne-Hotel bis zu Ferien auf dem Bauernhof ist alles geboten. Auch der Weg vom Gourmettempel zur urigen Gaststube ist in Fuschl am See nicht weit. Die meisten Urlauber zieht es jedoch zum Wandern in den Ort, wenngleich es auch andere attraktive Freizeitangebote gibt wie Klettern, Baden im Strandbad, Sport und Freizeitspaß im Sportclub (Inlineskating, Beachvolleyball), Fischen, eine Rutschpartie auf der Sommerrodelbahn und vieles mehr.

Infos: Fuschlsee Tourismus GmbH; Tel. 0 62 26/83 84; E-Mail: info@fuschlseeregion.com

HOTELS/ANDERE UNTERKÜNFTE

Hotel Schloss Fuschl ---> S. 111, E 3
Die Gästeliste ist seit eh und je illuster. Sie reicht von Rainier Fürst von Monaco über Richard Nixon und Gabriela Sabatini bis hin zu Nikita Chruschtschow oder Billy Wilder. Zur Festspielzeit, so heißt es, verteilen die Stammgäste schon mal ihre Lieblingssuiten untereinander. Damit das Haus auch künftig nichts von seiner Anziehungskraft verliert, wurden neue Turm-Suiten gestaltet: Neben der weltberühmten Sisi-Suite erstrahlen sechs weitere exklusive Suiten des Schlossturmes in frischem Glanz. Nach längerer Renovierung erstrahlt das Hotel Schloss Fuschl in neuer Pracht. Haus und Parkanlage wurden erweitert, der Wellnessbereich komplett neu gestaltet. Der Clou der Renovierung ist der Aufbau einer hochwertigen Gemäldesammlung Alter Meister namens »Fuschl-Collection«, in der internationalen Hotelszene ohne Beispiel. Mehr als 100 Werke flämischer, französischer, holländischer und deutscher Meister werden das traditionsreiche Hotel dann museumsgleich schmücken.
5322 Hof bei Salzburg; Tel. 0 62 29/22 53-0, Fax 22 53-15 31; E-Mail: schloss.fuschl@arabellasheraton.com; ca. 100 Zimmer ●●●● CREDIT

ESSEN UND TRINKEN

Ebner's Waldhof
Das Ambiente des Restaurants im gleichnamigen Hotel ist geschmackvoll gediegen. Die bodenständige Küche verwendet vorwiegend Produkte aus der Region wie Fisch und Wild. 1996 wurde Küchenchef Wagner vom Restaurantführer Gault Millau mit einer Haube ausgezeichnet.
Seestr. 30; Tel. 0 62 26/82 64; E-Mail: info@ebners-waldhof.at; ganzjährig geöffnet ●●● MASTER VISA DINERS

Die Gemeinde Mattsee wird vom Obertrumer See und dem Mattsee begrenzt.

Henndorf am Wallersee
⤳ S. 111, E 1

4960 Einwohner

Natur, Kultur und Badespaß verspricht der kleine Ort am Wallersee, der wärmste See im Salzburger Seenland. Er ist mit einem beheizten Freischwimm- und Babybecken sowie einem Beachvolleyballplatz ausgestattet. Seit Jahren wandelt Henndorf auch intensiv auf Carl Zuckmayers Spuren. Von 1926 bis 1938 lebte der Dramatiker hier in der Wiesmühle, die er von Carl Mayr gekauft und in mühevoller Arbeit umgebaut hatte. In dieser Zeit entstanden viele seiner berühmten Werke, wie zum Beispiel »Der Hauptmann von Köpenick«.

Zuckmayers Privatbesitz kann im Rahmen einer Führung besichtigt werden (Voranmeldung im Fremdenverkehrsbüro). In Henndorf lebte auch ein weiterer prominenter Zeitgenosse: Der Schriftsteller Thomas Bernhard verbrachte hier einen Teil seiner Kindheit. In seinem Werk »Die Ursache« (1975) bezeichnet er seine Heimat nicht gerade besonders galant als eine »tödliche Gegend«, mit der ihn eine Hassliebe verband.

Kontakt: Tourismusverband Henndorf am Wallersee, Hauptstr. 65, 5302 Henndorf a. W.; Tel. 0 62 14/60 11; E-Mail: henndorf@salzburger-seenland.at

Essen und Trinken
Gasthof Caspar Moser Bräu
In dem einstigen Stammlokal (übrigens einem der ältesten Gasthäuser Österreichs) des Schriftstellers Carl Zuckmayer und vielen anderen Künstlern wird auch heute noch die Carl-Zuckmayer-Jause serviert. Gutbürgerliche Küche.
Hauptstr. 61; Tel. 0 62 14/82 28; Di geschl., Juli und Aug. auch Mo nachmittags geschl. ●●

Henndorf am Wallersee – Oberndorf

Sehenswertes

Hundsmarktmühle ⇢ S. 111, E 2
Unter dem Motto »Vom Korn zum Brot« sind in der Hundsmarktmühle zahlreiche Objekte zu besichtigen. Die Anlage, die seit dem 16. Jh. besteht, wurde zu einem Museum mit einer Kugelmühle und zum Veranstaltungsort umgestaltet. Jährliche Sonderausstellungen.
Seestr. 20, Thalgau; Tel. 0 62 35/64 17; Juli–Okt. Mi, Sa 14–17 Uhr; Sonderführungen möglich; Eintritt 2,30 €, Kinder 0,80 €

Mattsee ⇢ S. 111, D 1

Die drei Gemeinden Mattsee, Obertrum am See und Seeham sind die eher städtisch geprägten Zentren im Trumer Seenland. Mattsee, der größte dieser Orte, liegt auf einer Halbinsel, die östlich vom Mattsee und westlich vom Obertrumer See begrenzt ist. Wassersport wird in Mattsee ganz groß geschrieben: Segelschule, Bootsverleih, Strandbad – es ist alles vorhanden, was des Besuchers Herz begehrt.

Michaelbeuern ⇢ S. 110, C 1

1200 Einwohner

Michaelbeuern ist eine Mustergemeinde im Rahmen des Projektes »Dorferneuerung« der Salzburger Landesregierung. Die Hauptattraktion des Ortes ist das Benediktinerkloster aus dem 8. Jh. Der romanische Urbau der Stiftskirche zum hl. Michael wurde im Jahr 1072 geweiht. Sehenswert ist der Hochaltar (1691/1692) mit Skulpturen von Meinrad Guggenbichler und Gemälden von Johann Michael Rottmayer.

Museen

Stiftsmuseum
Das Stiftsmuseum im Kreuzgang und im Refektorium des Klosters beherbergt eine große Sammlung von Figuren und Gemälden, u. a. von Paul Troger.
Benediktinerstift Michaelbeuern; Tel. 0 62 74/81 16, Fax 81 16-30 94; E-Mail: museum@abtei-michaelbeuern.at; Ende März–Ende Okt. Klosterführung jeweils So 14 Uhr, Besichtigung der Sonderausstellung jeweils So 15–16 Uhr

Oberndorf ⇢ S. 110, C 1

5700 Einwohner

Oberndorf wurde von 1900 bis 1906 neu angelegt, um es vor Hochwasser zu schützen. In Altoberndorf erinnert die Stille-Nacht-Kapelle, die 1937 an der Stelle der ehemaligen Pfarrkirche St. Nikola errichtet wurde (tgl. 8–18 Uhr), an die Geburtsstunde des Weihnachtsliedes »Stille Nacht, heilige Nacht«. Ein historisches Schifferschützen-Corps und ein Schiffermuseum berichten von den alten Zeiten, als Oberndorf noch Stützpunkt der regen Salzachschifffahrt

---

MERIAN-Tipp

Käsewelt

Haben Sie sich schon einmal gefragt, wie die Löcher in den Käse kommen? Die Antwort darauf und noch viel mehr erwartet Sie in Österreichs 1. Bio-Schaukäserei des Käsehofs in Schleedorf. Dort kann die ganze Familie nicht nur dem Käsemeister über die Schulter blicken, sondern auch selber Hand anlegen: In der Sennhütte lernen Sie unter Anleitung der Käse-Sommelière die hohe Kunst des Käsens, sogar selber Butter rühren können Sie in der Käsewelt. Spaß und vor allem Information für Jung und Alt bringt ein interaktives Terminal.

Käsewelt Moos 1, 5205 Schleedorf, Tel. 0 62 16/41 98, www.kaesewelt.at
⇢ S. 111, D 1

> **MERIAN-Tipp**
>
> **Mozart-Radweg**
>
> Damit man auch Teile von Mozarts Reisen mit dem Fahrrad nachfahren kann, wurde im Frühjahr 2003 der Mozart-Radweg eröffnet. Von Salzburg aus können auf einer Strecke von rund 410 km mit einem Höhenunterschied von ca. 2000 m verschiedene Stationen aus dem Leben des Komponisten angeradelt werden. Die Route führt durch das Salzburger Seenland nach Bayern und endet wieder in Salzburg.
>
> Info: Salzburger Land, Postfach 16, 5300 Hallwang bei Salzburg; Tel. 06 62/66 88-0, Fax 66 88-66; E-Mail: info@salzburgerland.com, www.mozartradweg.com

war. Alle vier Jahre finden zum Gedenken daran historische Piratenschlachten statt.
Stille-Nacht-Platz 2; Tel. 0 22 72/44 22; E-Mail: oberndorf. info@salzburg.co.at; www.oberndorf. co.at/info

SEHENSWERTES
Rauchhaus »Mühlgrub«
⸺˃ S. 111, E 2
Der Denkmalhof liegt auf dem Höhenrücken zwischen Hof und Thalgau. Er ist von Hof aus zu Fuß auf einem landschaftlich schönen Weg in einer halben Stunde zu erreichen, von Thalgau auf einem Abkürzungsweg in etwa einer Stunde. Das Rauchhaus »Mühlgrub«, das bis 1983 bewohnt war, ist ein Beispiel für einen typischen Einhof mit ebenerdiger Mittertenne zwischen Wohn- und Stallteil.
Riedlstr. 14; Juli–Okt. Fr ab 15 Uhr; Eintritt 1,50 €, Kinder ab 6 Jahren 0,70 €

MUSEEN
Museum Bruckmannhaus
Seit 1993 ist das Bruckmannhaus Heimatmuseum mit den Schwerpunkten Salzachschifffahrt und Geschichte des Weihnachtsliedes »Stille Nacht, heilige Nacht«.
Stille-Nacht-Platz 7; tgl. 9–16 Uhr; www.oberndorf.co.at/museum; Eintritt 2,50 €, ermäßigt 1,50 €

Stille-Nacht-Museum
⸺˃ S. 110, C 1
Im Schulhaus in Arnsdorf, dem ältesten Schulhaus Österreichs, in dem auch heute noch unterrichtet wird, lebte der Komponist und Lehrer Franz Xaver Gruber. Hier schrieb er 1818 die Melodie für das Weihnachtslied »Stille Nacht, heilige Nacht«. Seine Wohnung im ersten Stock mit altem Hausrat, Mobiliar und Originalhandschriften ist nach Voranmeldung bei Ottilie Aigner (Tel. 0 62 74/74 53; E-Mail: f.x.gruber-museum.arnsdorf@aon.at) zu besichtigen.
Altes Schulhaus neben der Wallfahrtskirche Maria am Mösl, Arnsdorf; www. oberndorf.co.at/museum; tgl. 9–16 Uhr; Eintritt 2,50 €, Kinder 1,50 €

Im Mozartdorf St. Gilgen wurde die Mutter des Komponisten geboren.

St. Gilgen
⇢ S. 111, F 3

3700 Einwohner

Dieses Mozartdorf liegt am Nordwestende des Wolfgangsees. Mozarts Mutter wurde im Bezirksgerichtsgebäude am See geboren, und seine Schwester Nannerl war hier mit dem Richter Sonnenburg verheiratet. Seit Jahrzehnten nimmt der Ort auch einen zeitgenössischen Prominenten Jahr für Jahr auf, den deutschen Exbundeskanzler Helmut Kohl.

Erstmals erwähnt wird St. Gilgen im Jahr 790. Lange Zeit stand es unter der Herrschaft der Salzburger Fürsterzbischöfe. Erst 1816 kam es zu Österreich. Heute ist der Ort eine führende Fremdenverkehrsgemeinde sowie Ausgangspunkt für zahlreiche Exkursionen, wie zum Beispiel eine Fahrt mit der Seilbahn auf das Zwölferhorn (1522 m).
www.12erhorn.at

Essen und Trinken
Tiroler Stub'n
In behaglich eingerichteten ländlichen Stuben mit hübsch gedeckten Tischen lässt sich die gute Kost, die vorwiegend aus der österreichischen Küche kommt, genießen.
Aberseestr. 9; Tel. 0 62 27/23 17;
Mo geschl. ●●

St. Wolfgang am Wolfgangsee
⇢ S. 115, E 9

2800 Einwohner

Verwaltungstechnisch gehört der Ort St. Wolfgang im Salzkammergut zu Oberösterreich, was jenseits der Grenzen dieses Reiseführers liegt. Ein Ausflug dorthin ist aber eigentlich ein Muss. Die schönste Anfahrt erfolgt per Schiff nach St. Wolfgang (Schiffe fahren Mai–Okt.; Tageskarte 16,80 €, Familientageskarte 30,50 €; www.wolfgangseeschifffahrt.at). Das Schiff

Im Stille-Nacht-Museum in Arnsdorf, das dem Komponisten des gleichnamigen Weihnachtsliedes gewidmet ist.

legt in unmittelbarer Nähe des legendären »Weißen Rössl« an, das durch die Operette »Im Weißen Rössl« 1930 zu Weltruhm kam.

Ein Spaziergang durch die romantischen Gassen führt vorbei an der 800 Jahre alten Wallfahrtskirche mit dem berühmten gotischen Hochaltar von Michael Pacher. Der Südtiroler Maler und Schnitzer schuf das Werk zwischen 1471 und 1481.

Um die Kirche drängen sich nicht nur viele Besucher, sondern auch wuchtige Giebelhäuser, die teilweise schon ein paar hundert Jahre in ihrem Gebälk haben.

Ein schöner Ausflugstipp: Mit der Zahnradbahn (geöffnet Mai–Okt.; www.schafbergbahn.at) auf den Schafberg (1783 m). Bei gutem Wetter kann man einen wunderbaren Rundblick auf die Salzkammergutseen und -berge genießen.
www.wolfgangsee.at

Lungau

Burgen und Schlösser, wenig Regen und viel Sonne machen diesen Salzburger Gau so reizvoll.

Zum christlichen Feiertag Peter und Paul am 29. Juni werden in Muhr bis zu acht Meter hohe Stangen in einer Prozession durch den Ort getragen. Die entrindeten Stämme werden mit Blüten ornamental umflochten.

Zwischen Radstädter Tauern und Katschberg ist alles ein bisschen anders als im restlichen Salzburger Land. Ins sonnenreiche Hochtal fuhr schon seine Majestät der Kaiser »auf Sommerfrische«. Aufgrund seiner Höhenlage und des Beckencharakters herrscht hier Höhenklima. Das Becken ist windgeschützt, hat dadurch wenig Niederschläge und eine hohe Sonnenscheindauer. Die südöstlichen Nachbarländer Steiermark und Kärnten haben den Lungau kulturell beeinflusst und seine Sonderstellung mitgeprägt. Beim Fronleichnamszug und während des Sommers marschiert noch der Riese Samson in Begleitung seiner beiden großkopfigen Zwerge durch die Straßen von acht Lungauer Orten (→ MERIAN-Tipp, S. 27). Hier trägt man wie einst Prangstangen als Wachstumssymbole (in Zederhaus am 24. Juni, in Muhr am 29. Juni) und entfacht Osterfeuer in der Dunkelheit der Täler und Höhen. Am letzten Wochenende im August wird das Preberschießen veranstaltet: ein Wasserscheibenschießen, bei dem auf das Wasser gezielt wird, um die Scheibe an Land mithilfe des Aufpralls aufs Wasser zu treffen.

Mauterndorf
⸺⟩ S. 121, C 23

2400 Einwohner

Das Wahrzeichen des Ortes ist die **Burg Mauterndorf** über dem Eingang zum Tauratal, heute eine Begegnungsstätte für alle Kulturströmungen, die von Bund, Land und der Gemeinde unterstützt werden. Einst war die Anlage, die einem Märchenbuch entsprungen zu sein scheint, Lieblingsaufenthaltsort von Erzbischof Leonhard von Keutschach. Sie wurde 1253 zum Schutze des Tales und des Ortes gebaut, im 14. und 15. Jh. um eine Kapelle mit Fresken sowie um einen Flügelaltar erweitert. Mauterndorf war einst Zollstätte an der Handelsroute nach Italien. Vom damaligen Wohlstand zeugen am Marktplatz noch einige Treppengiebelhäuser aus dem 16. und 17. Jh.

HOTELS/ANDERE UNTERKÜNFTE
Pension Laßhofer
Kinderfreundliche Frühstückspension in Zentrumsnähe. Mit Sauna.
Stegmühlsiedlung 256; Tel. 0 64 72/72 77, Fax 7 27 74; www.lasshofer.at; 12 Zimmer ●●

MUSEEN
Burg Mauterndorf
In dem historischen Bauwerk aus dem 13. Jh. wird bei einem Rundgang durch die Burganlage mit eigenem Audio-Guide Geschichte lebendig. In den Sälen, Gewölben und Gemächern des Lungauer Landschaftsmuseums ist die Erlebnisausstellung »Lust aufs Mittelalter« untergebracht.
Burg Mauterndorf; Tel. 0 64 72/74 26; Mai–Ende Okt. tgl. 10–18 Uhr, 26. Dez.–23. April Di–Fr 10.30–18 Uhr; Eintritt 8,20/5,50 €, Kinder 5,10/3 € (Sommer/Winter)

ESSEN UND TRINKEN
Mesnerhaus
In dem renovierten Gebäude, das einst der Mesner bewohnte, schwingt heute ein Zwei-Hauben-Koch den Löffel. Es gibt aber auch Gerichte zu zivilen Preisen. Reservierung erbeten.
Markt 56; Tel. 0 64 72/75 95 ●●●

Ziele in der Umgebung

Burg Finstergrün
⸺⟩ S. 121, E 23

Auf eine wechselvolle Geschichte blickt die Burg Finstergrün zurück, die vom nordseitigen Abhang der Gstoßhöhe aus das Murtal bei Ramingstein beherrscht. Ein Waldbrand, der im vergangenen Jahrhundert durch den ganzen Lungau tobte, ließ von der Burg nur noch eine Ruine übrig. Jene

erwarb der ungarische Magnat Graf Sándor Szápáry im Jahr 1900. Er ließ nebenan eine neue Burg bauen, die heute als Jugendheim dient.
**5591 Ramingstein; Tel. 06 99/
18 87 70 77; www.burg-finsterguen.at
19 km südöstl. von Mauterndorf**

Mariapfarr ---> S. 121, D 22
2400 Einwohner

Zwischen Mauterndorf und Tamsweg liegt der heilklimatische Kurort Mariapfarr, der angeblich sonnenreichste Ort in ganz Österreich. Die Geschichte des kleinen Dorfes ist eng verbunden mit der der Wallfahrtskirche Mariapfarr, die als »Mutterkirche« des Lungaus bezeichnet wird und bedeutende Kunstschätze birgt, u. a. Fresken aus dem 13. Jh. Der Ort ist Zentrum des Lungauer Loipennetzes.
6,5 km nordöstl. von Mauterndorf

Murtalbahn 👣
---> S. 121, E 23

Eine Reminiszenz an die Anfänge der Eisenbahn ist die Schmalspurbahn, die von Tamsweg über Ramingstein und Murau nach Unzmarkt in der Steiermark fährt. 1894 ging die Murtalbahn erstmals auf Fahrt und schloss den Lungau an das Verkehrsnetz der Habsburger an. Eine Einrichtung, die sich allerdings nicht lohnte. Die Reisedauer betrug aufgrund der umständlichen Routenführung zwischen zwölf und 14 Stunden. In den Sechzigerjahren drohte die Bahn ganz stillgelegt zu werden. Ein jahrzehntelanger Streit zwischen Salzburg und der Steiermark entbrannte. Heute verkehren auf dieser Strecke moderne Schmalspurtriebwagen, die eine Geschwindigkeit von bis zu 70 km/h erreichen. Die alten Dampflokomotiven bummeln seit 1987 im Juli, Aug. und Sept. jeden Fr, Sa und So auf einer schönen Strecke 11 km zwischen St. Andrä und Mauterndorf.

St. Michael im Lungau
---> S. 120, C 23

3700 Einwohner

Gleich zwei der fünf bedeutendsten Sakralbauwerke des Lungaus stehen in St. Michael im Lungau: die gleichnamige Pfarrkiche und die Filialkirche St. Martin im Ortsteil St. Martin. Beide Kirchen sind wegen ihrer spätgotischen Fresken bekannt. Sehenswert ist außerdem ein Doppelporträt-Relief aus römischer Zeit, das in den Turm der Filialkirche eingearbeitet wurde. Ferner locken Wander- und Radwege sowie ein 18-Loch-Golfplatz am Katschberg.
9,5 km südwestl. von Mauterndorf

Hotels/Andere Unterkünfte
Der Wastlwirt
Die Zimmer und Apartments des traditionellen Landgasthofes sind romantisch eingerichtet.
**Poststr. 13; Tel. 0 64 77/71 55-0,
Fax 71 56 60; www.wastlwirt.at;
53 Zimmer ••• 🐕 🏌**

Essen und Trinken
Löckerwirt ---> S. 120, C 23
Die Stuben des stattlichen Bauernhofs sind trophäengeschmückt und mit gemütlichen Wirtshausbänken versehen. Die Kost ist gutbürgerlich und bodenständig.
**Dorfstr. 25, St. Margarethen; Tel. 0 64 76/
2 12, Fax 21 24; E-Mail: loeckerwirt@
sbg.at; Di geschl. ••**

Schloss Moosham
---> S. 120, 23

Eine weitere Bilderbuchburg wacht über das Murtal: das Schloss Moosham bei St. Margarethen. So schön es von außen anzusehen ist, so schreckliche Dinge passierten hinter seinem dicken Gemäuer, als Moosham noch Verwaltungszentrum des Lungaus und Sitz des Landpflegers war, der auch die landesfürstliche Blutsgerichtsbarkeit ausübte. In jenen schrecklichen Zeiten fanden hier Hexenprozesse statt. Mit der Zeit verfiel Schloss Moosham. Es kam erst wieder zu Ehren, als es Hans Graf Wilczek erwarb und renovieren ließ. Heute ist es ein viel besuchtes Privatmuseum.

St. Margarethen; Tel. 0 64 76/3 05;
durchgehend geöffnet, Besichtigung nur mit Führung; weitere Auskünfte: Burgverwaltung; Eintritt 8 €, Kinder 4 €
5,5 km südl. von Mauterndorf

Schmelzofenanlage Bundschuh 👫
---> S. 121, D 23

Ein Unikum in der Salzburger Museumslandschaft stellt das Hochofenmuseum Bundschuh dar. Das frei zugängliche Industriedenkmal im Gemeindegebiet Thomatal zeugt von der Bedeutung der Bodenschätze vom Mittelalter bis ins 19. Jh.

Thomatal; Tel. 0 64 76/2 62;
Anfang Juni–Anfang Okt.
11 km südöstl. von Mauterndorf

Tamsweg ---> S. 121, E 23
5800 Einwohner

Tamsweg ist Bezirkshauptstadt und wirtschaftliches Zentrum des Lungaus. Den nahezu quadratischen Marktplatz säumen zwei- bis dreistöckige Bürgerhäuser aus dem 16. Jh. Herzstück ist das Rathaus (Mitte 16. Jh.), das mit seinen kleinen Ecktürmchen einem Schloss gleicht. Das ehemalige Schloss Kuenburg (wiederaufgebaut im 18. Jh.) steht in der Kirchengasse, ebenso das Barbaraspital, einst Pflegestation für alte und kranke Bergarbeiter, heute Heimatmuseum.

20 Minuten vom Ortszentrum entfernt liegt auf einer Anhöhe die Wallfahrtskirche St. Leonhard. Sehenswert ist vor allem das so genannte Goldfenster aus goldgelbem

Das so genannte Goldfenster in der Wallfahrtskirche St. Leonhard bei Tamsweg.

und blauem Glas (Führungen nur nach tel. Anmeldung; Tel. 0 64 74/68 70). Als Ausflugsziel empfiehlt sich auch der Prebersee, der 9 km nordöstlich von Tamsweg liegt.

11 km südöstl. von Mauterndorf

MUSEEN
Lungauer Heimatmuseum
Im ehemaligen Barbaraspital wird ein Querschnitt des bäuerlichen Handwerks und der bäuerlichen Einrichtung im Lungau ausgestellt. Die Spinn- und die Webstube legen Zeugnis ab über eine Tätigkeit, die in der Region weit verbreitet war.

Kirchgasse 133; Tel. 0 64 74/65 04;
1. Juni–15. Sept. Di–Fr, nur mit Führung (10, 14 und 15.30 Uhr)

SERVICE
Auskunft
Ferienregion Lungau
---> S. 120/121, C 23
Postfach 19, 5582 St. Michael/Lungau;
Tel. 0 64 77/89 88, Fax 89 88 20; E-Mail:
info@lungau.at, www.lungau.at

Nationalpark Hohe Tauern

Bewahrt und geschützt wird im Nationalpark Hohe Tauern eine außergewöhnliche Naturlandschaft.

Der Großglockner ist das Herz des Nationalparks Hohe Tauern. Schon zu Anfang des 20. Jahrhunderts entstand die Idee, hier ein Naturschutzgebiet zu schaffen, in den Achtziger- und Neunzigerjahren wurde sie schließlich in die Tat umgesetzt.

Die Idee wurde schon zu Beginn des 20. Jh. geboren: Die Gebirgswelt der Hohen Tauern, die sich über die Bundesländer Kärnten, Salzburg und Osttirol erstreckt, sollte unter besonderen Schutz gestellt werden. Denn immerhin zählt sie zu einer der letzten großflächigen Naturlandschaften Österreichs.

Jahrzehntelange harte Auseinandersetzungen zu Beginn der Achtzigerjahre brachten den gewünschten Erfolg. Das Land Kärnten machte 1983 den Anfang, Salzburg folgte im Jahr 1984, und 1992 ließ sich auch Tirol erweichen. Die bizarre Welt aus Fels und Stein, Geröllfeldern, saftigen Almwiesen und sprudelnden Bächen umfasst heute eine Fläche von über 1800 qm.

Der Anteil des Salzburger Landes von genau 804 qm liegt nördlich des Alpenhauptkammes. Insgesamt 19 Gemeinden von Krimml im Westen bis Muhr im Osten sind Ausgangspunkt für Wanderungen auf mehr als 1000 km markierten Wanderwegen. Die speziell angelegten Lehr- und Erlebnispfade führen zu vielen landschaftlich und kulturell reizvollen Orten und vermitteln dabei Wissenswertes über Natur und Umwelt im Nationalpark Hohe Tauern. So war die Kernzone des Nationalparks ein Urland, das vor vielen Jahrmillionen geprägt wurde. Daraus entstand eine Welt mit alpinen Pflanzen und Tieren, Eis und Felsen, die nun unter strengen Schutz gestellt ist.

Die Kulturlandschaft, die Bergbauern über Jahrhunderte hinweg in harter Arbeit geschaffen haben, wird als Außenzone bezeichnet. Sie bildet mit ihrem Blumenreichtum und ihren wild lebenden Tieren einen reizvollen Gegensatz zur Naturlandschaft der Kernzone. Beachtlich ist das Sportangebot: Reiten und Paragliden, Golfen und Rad fahren, Tennis, Angeln, Schwimmen, Segeln und Surfen. Auch die so genannten »In«-Sportarten wie Riverrafting und Canyoning lassen sich vor dieser gewaltigen Naturkulisse erleben. Die Ferienregion Nationalpark Hohe Tauern ist touristisch gut erschlossen: In jedem Ort gibt es Infostellen.

Bramberg ·····> S. 116, B 14
3878 Einwohner

Abseits der Bundesstraße 165 liegt Bramberg, dessen Ortskern vom Durchgangsverkehr auf diese Weise freigehalten ist. Dass der Ort einen geschichtsträchtigen Boden hat, zeigt das Heimatmuseum. Aber auch seine Pfarrkirche birgt zwei Kunstschätze: die Pietà von Bramberg, ein Steinguss von 1420, und die Bramberger Madonna aus Holz von 1500. Weitere Schmuckstücke finden Sie vielleicht, wenn Sie an einer Mineralienexkursion in das Habachtal teilnehmen, die während der Saison jeden Freitag am Parkplatz Habachtal startet. In diesem Tal treffen Sie auch auf die Moaralm, eine Traditionshütte, in der sich das Leben wie vor 200 Jahren abspielt.

Hotels/Andere Unterkünfte
Hotel Kirchner
Das familiengeführte Haus mit einer schönen Freizeitanlage hat einen eigenen 500 qm großen Badesee mit Liegewiese und Kinderspielplatz. Für Kinder ab sechs Jahren gibt es ein eigenes Programm. Besonderheit: vegetarische Küche.
Mühlbach 46; Tel. 0 65 66/72 08, Fax 72 08 22; E-Mail: info@wanderhotel.at; Mai–Okt. und Dez.–April; 33 Zimmer

Museen
Heimatmuseum Wilhelmgut
Ein Mekka für Mineralienfreunde. Bekannt wurde es vor allem durch die Smaragde aus dem Habachtal, dem einzigen Fundort dieser Steine in Europa. Außerdem befindet sich hier

ein Wollladen, in dem Bäuerinnen ihre selbst vorgearbeitete Wolle nicht nur verstricken, sondern auch verkaufen. Im August wird einmal pro Woche Brot gebacken.
Nr. 27; Mai–15. Juni, Okt. Mo–Sa 15–17, So und Fei 10–12, 16. Juni–30. Sept. tgl. 10–18 Uhr; Gruppen ab 10 Personen ganzjährig gegen Voranmeldung möglich, Tel. 0 65 66/76 78; Eintritt 1,40 €

Embach ⤳ S. 118, B 17
1850 Einwohner

Auf einem landschaftlich reizvollen Hochplateau liegt Embach, ein Kirchweiler, der sich seinen ländlichen Charme bis heute bewahrt hat. 20 Fußminuten von Embach entfernt befindet sich die Wallfahrtskirche Maria Elend, die 1552 errichtet, 1783 zerstört und 1842 in ihrer heutigen Form wieder aufgebaut wurde. Einer Legende zufolge hatte sich ein blindes und geistesschwaches Mädchen in der Nähe von Embach verlaufen. Die Mutter gelobte, an der Stelle, wo sie ihre Tochter wiederfinden würde, eine Kapelle bauen zu lassen. Das Wunder geschah: Sie fand ihr Kind heil und zudem noch gesundet wieder. In den folgenden 200 Jahren hatte die Wallfahrtskapelle Maria Elend einen enormen Zulauf.

Großglockner Hochalpenstraße
⤳ S. 118, A 18–20

5 1935 wurde die höchste und eindrucksvollste Passstraße Österreichs nach 28-monatiger Bauzeit eröffnet. Sie windet sich von Bruck (757 m) in zahlreichen Kehren hinauf zum Hochtor (2506 m) und dann hinunter nach Heiligenblut (1301 m) ins benachbarte Bundesland Kärnten. Die 47,8 km lange Strecke ist mautpflichtig. Abhängig vom Schneefall ist die Straße von Ende Oktober bis zum Muttertag im Mai gesperrt, außerdem von 22 bis 5 Uhr.
Weitere Informationen unter Tel. 06 62/87 36 73-0 und während der Öffnungszeiten an der Kasse Ferleiten, Tel. 0 65 46/6 50, und an der Kasse Heiligenblut, Tel. 0 48 24/22 12; Tageskarte PKW und Wohnmobil 28 €, für Motorrad 18 €

Hollersbach 👣 ⤳ S. 116, C 14
1050 Einwohner

Die Kräuterfelder, auf denen der Kosmetikhersteller Yves Rocher anbauen lässt, und der Schaugarten mit über 500 verschiedenen Kräutern mitten im Ort erklären den Beinamen »das blühende Dorf«. In seinem Zentrum steht das Klausnerhaus. Dieser Bauernhof aus dem 16. Jh. wurde 1986 renoviert und dient seitdem als Informations- und Seminarhaus sowie als Ausstellungsort.

Empfehlenswert ist der Hollersbacher Bachlehrweg. Entlang dieser Route beschreiben zehn Tafeln die Natur des Baches und die umliegende Landschaft mit ihrer Pflanzen- und Tierwelt. Am Ziel der drei- bis vierstündigen Wanderung liegen die Wirtsalm und die Senninger-Bräualm, die von Anfang Mai bis Mitte Oktober bewirtschaftet sind.

Kaprun 👣 ⤳ S. 117, F 14
3000 Einwohner

Kaprun war in erster Linie ein Bergbauerndorf, dessen Bewohner von der Viehzucht lebten. Anfang des 20. Jh. machte es sich einen Namen als Bergführerdorf. Einen enormen Aufschwung erlebte der Ort mit einer auf den ersten Blick nicht gerade den Tourismus fördernden Einrichtung, der Errichtung der Tauernkraftwerke 1955.

Der Bau der Gletscherbahn auf das Kitzsteinhorn (3202 m) 1964 machte Kaprun zum Ganzjahresski-

Eine Reise durch alle Vegetationsformen – die Großglockner Hochalpenstraße.

gebiet und signalisierte einen neuerlichen Wandel. Der Run auf das Gebiet machte 1974 den Bau einer weiteren Bahn notwendig. Ein verheerender Brand mit 155 Toten im Tunnel im November 2000 zerstörte diese 3900 m lange Standseilbahn. Nach dem Unglück wurde beschlossen, diese Bahn nicht mehr aufzubauen. Dafür wurde eine neue Seilbahn in Angriff genommen, deren erste Sektion rechtzeitig zur Wintersaison 2001/2002 in Betrieb ging.

Das Kapruner Tal ist umrahmt von mehreren Dreitausendern: Großes Wiesbachhorn (3564 m), Hohe Tenn (3368 m), Hocheiser (3206 m), Hoher Riffel (3338 m), Mittlerer (3356 m) und Großer Bärenkopf (3401 m).

Die Fläche der 13 Gletscher umfasst 14 qkm. Große Teile des Kapruner Tales zählen allerdings nicht mehr zum Nationalpark Hohe Tauern, da sie zu sehr industrialisiert sind. An die Anfänge des Ortes, der 931 erstmals urkundlich erwähnt wurde, erinnert die Burg Kaprun, die größte Ruine des Pinzgaus. Sie wurde vermutlich im 12. Jh. erbaut. 1526 wurde die Burg von aufständischen Bauern niedergebrannt. Um 1600 baute sie Josef Hundt von Ainetperg in ihrem heutigen Grundriss auf. Seit 1984 kümmern sich Mitglieder des Burgvereins um die Renovierung der alten Gemäuer, die nur von außen zu besichtigen sind.

Hotels/Andere Unterkünfte
Sportcamping Wolferlgut
⤳ S. 118, A 17/18

Am Ausgangspunkt zur Großglockner Hochalpenstraße liegt wohl der schönste und bestausgestattete Campingplatz der gesamten Region. Neben einem Freizeit- und Sportareal, Kinderspielplatz, Hobbyraum mit TV gibt es auch das Erlebniscenter mit Sauna, Massagen und Fitnessstudio.

An der Großglocknerstraße, 5671 Bruck; Tel. 0 65 45/73 03-0, Fax 73 03-3; E-Mail: info@sportcamp.at

Nationalpark Hohe Tauern

Gewaltige Inszenierung der Natur: Die Krimmler Wasserfälle sind die höchsten Europas.

Sehenswertes
Kraftwerk
Die beeindruckenden Stauanlagen der Kraftwerksgruppe gelten heute noch als Attraktion für Gäste aus aller Welt. Das Informationszentrum im Krafthaus gewährt u. a. Einblick in die Maschinenhalle.
Ende Jan.–Mitte Dez. tgl. 8–18 Uhr; Eintritt frei

Krimml ⇢ S. 116, A 15
800 Einwohner

Ganz im Westen des Salzburger Landes versteckt sich Krimml, ein kleines Dorf, das durch seine Wasserfälle schon im 19. Jh. über die Staatsgrenzen hinaus bekannt war. Gespeist von zwölf Gletschern stürzt die Krimmler Ache über drei gewaltige Felsstufen 380 m in die Tiefe. Vom Parkplatz aus gelangt man in etwa 15 Minuten zur Aussichtskanzel am unteren Fall und in einer knappen Stunde Fußmarsch zur höchsten Fallstufe hinauf. Wenn Sie mehr Zeit haben, empfiehlt sich eine ausgiebige Wanderung zum Krimmler Tauernhaus.

Von Krimml aus führt der gut ausgeschilderte Weg entlang der Wasserfälle zum Schönangerl, einem flachen Talstück. In der Nähe des Gasthofes Schönangerl beim mittleren Fall zeugen schöne Gletscherschliffe von der Eiszeit. Nach der letzten Wasserfallstufe ist das Tal noch relativ eng, weitet sich aber schließlich und gibt den Weg frei in eine Almlandschaft. An der Hölzlahner Alm vorbei, über die Hofer Alm, die Humbach Alm und die Schachenalm erreicht man schließlich nach drei- bis vierstündiger Wanderung das Krimmler Tauernhaus (1631 m).

Hotels/Andere Unterkünfte
Krimmler Tauernhaus
Das 600 Jahre alte Haus liegt im Krimmler Achental und ist nur zu Fuß oder per Taxibus zu erreichen. Uriger Berggasthof.
Tel. 0 65 64/83 27; E-Mail: krimmler-tauernhaus@aon.at; 23 Betten, 38 Schlafplätze im Matratzenlager ●● 🐕

Mittersill ⇢ S. 116, C 14
5800 Einwohner

Die Marktgemeinde aus dem 12. Jh. wurde wegen ihrer Lage an der Schnittstelle zweier wichtiger Verkehrswege der Hauptort des Oberpinzgaus. Schwere Überschwemmungen und Brände zerstörten den Ort so sehr, dass nur noch die Burg Mittersill und die Pfarrkirche St. Leonhard, die Annakirche sowie die Nikolauskirche Zeugen der mittelalterlichen Vergangenheit sind.

Über der Stadt thront das Schloss Mittersill. Der Gründungsbau der Grafen von Lechsgemünd geht auf das Jahr 1150 zurück. Im Bauernkrieg 1525/26 wurde das Schloss zerstört und 1528 in seiner heutigen Form wieder aufgebaut. Der so genannte Hexenturm erinnert an die grausamen Prozesse, die hier im 17. und 18. Jh. stattfanden und unliebsame Frauen ins Verderben stürzten. 1888 kam Schloss Mittersill in Privatbesitz und wechselte von nun an häufig seine Besitzer.

Könige, Millionäre und Mitglieder der Highsociety wie der Schah von Persien, Henry Ford, Clark Gable und Aristoteles Onassis weilten auf Schloss Mittersill als Gäste, nachdem Baron Hubert von Pantz und der Prinz von Hohenlohe in den Fünfziger- und Sechzigerjahren den »Schloss Mittersill Jagdclub« wiederbelebten. Einen anschaulichen Überblick über die lokale Geschichte und Kultur bietet das Felberturm Museum.

Museen
Felberturm Museum 👥🎯
Das Museum beherbergt eine reichhaltige Sammlung über Handwerk, Volkskunst, Brauchtum, Geschichte, Alpinismus, Mineralien und Bergbau. Der Wehr- und Wohnturm aus dem 12. Jh. gehörte einst den Herren von Felben. 1425 kam er an die Salzburger Erzbischöfe, die ihn als Getreidespeicher nutzten. 1936 kaufte die Gemeinde Mittersill den verfallenen Turm und richtete 1969 das Felberturm Museum ein.
Hintergasse 4; Tel. 0 65 62/45 83; Anfang Juni–Sept. Di–Fr 10–17, Sa und So 13–17 Uhr; Eintritt 3,50 € Kinder und Schüler 1,50 €, Familienkarte 7,50 €

Essen und Trinken
Meilinger Taverne
Typisch österreichisch und eben doch anders präsentieren Robert und Annelies Klackl ihre verfeinerte Pinzgauer Küche in ihrem hübschen »Hauben«-Restaurant direkt in der Ortsmitte. Das Ehepaar kocht vor allem mit Produkten aus der Region. Besondere Spezialitäten sind Gerichte mit dem heimischen Pl-Lamm und Pl-Rind (Pinzgauer Naturlamm- bzw. -rind). Reservierung wird erbeten.
Marktplatz 10; Tel. 0 65 62/42 26
●● bis ●●●

Neukirchen ⇢ S. 116, B 14
2600 Einwohner

Der kleine Ort liegt zu Füßen des Schlosses Hohenneukirchen unterhalb des Großvenedigers (3674 m), dem höchsten Berg im Salzburger Land. Nördlich der Salzach führt eine Kabinenbahn mit Sommerbetrieb zur Bergstation des Wildkogels (2225 m).

Sehenswertes
Schaubergwerk Hochfeld-Knappenweg Untersulzbachtal
Hier gewinnt man einen eindrucksvollen Einblick in die Geschichte des Kupferbergbaus. Regelmäßige Grubenbefahrung.
Führungen 21. Mai–17. Juni Mo–Do 10.30–14; 18. Juni–9. Sept. Mo–Fr 10.30–15, Sa und So 11–13, 10. Sept.– 25. Okt. Mo–Do 11.30–13.30 Uhr; Eintritt 11 €, Kinder 5 €

Piesendorf → S. 117, E 14
3650 Einwohner

Von Piesendorf aus hat man wohl die schönste Aussicht auf die schneebedeckten Dreitausender. Und wer hinauf zur Schmittenhöhe wandert, überblickt bei klarer Sicht einige hundert Berggipfel um den tiefgrünen Zeller See.

Sehenswertes
Perfellers Chinesenstadt 👫
Kurios ist die Geschichte des Piesendorfer Schmieds Sebastian Perfeller und seiner Chinesenstadt. Sein eigenwilliger Lebensstil machte den Freigeist Perfeller im starren Gefüge eines Dorfes des 19. Jh. schnell zum Außenseiter. Dennoch schuf Perfeller in Piesendorf sein Lebenswerk: die Chinesenstadt, ein asiatisch geprägtes, verschachteltes Bauwerk aus Holz, das in kleine Pavillons, Galerien und Terrassen unterteilt war. Perfellers Haus war bald schon eine touristische Attraktion, wohingegen die Piesendorfer damals recht wenig damit anfangen konnten. Heute werden eine Dokumentation und ein Modell des um die Jahrhundertwende abgebrannten Hauses im Kulturraum des Gemeindeamtes präsentiert.
Mo–Fr 8–17 Uhr; Eintritt frei

Rauris → S. 118, B 18
3200 Einwohner

Goldbergbau bestimmte die Geschichte des Ortes, der in einem 30 km langen Hochtal zwischen dem Gasteiner Tal im Osten und dem Fuschertal im Westen liegt. Daran erinnern einige Gewerkenhäuser aus dem 15. und 16. Jh.

Der Tauerngold-Rundwanderweg (drei Stunden ab Naturfreundehaus Neubau, das wiederum eineinhalb Stunden von Kolm-Saigurn entfernt ist) führt entlang historischer Stätten des Goldbergbaus im Talschluss Kolm-Saigurn. Goldwaschen kann der Besucher in Rauris übrigens an manchen Stellen heute noch (→ S. 33).

Heute macht der Ort überregional mit seinen Literaturtagen von sich reden, die hier seit 1971 alljährlich im Frühjahr stattfinden. Ansonsten wird die flächenmäßig größte Gemeinde im Salzburger Land als Wanderparadies geschätzt.

Museen
Rauriser Talmuseum
1500 Exponate in 17 Schauräumen führen durch die Rauriser Vergangenheit.
Heimathaus, Marktstr. 59; in der Saison tgl. außer Do 10–12 und 16–18 Uhr

Essen und Trinken
Gasthof Andrelwirt
Eine gute Küche mit frischen heimischen Produkten zeichnet den traditionellen Gasthof aus.
Wörth 15; Tel. 0 65 44/64 11 ••

Taxenbach → S. 118, B 17
3000 Einwohner

Ein Dorado für Extremsportler: Raftingfahrten auf der Salzach, Canyoning in der wildromantischen Kitzlochklamm, Mountainbike-Touren mit anschließendem Raften gehören hier zum Fitnessprogramm. Wer sich nicht abrackern möchte, kann auch einfach nur die Kitzlochklamm besichtigen (etwa eine Stunde) oder sie als Ausgangspunkt für eine Wanderung nehmen. Die Kitzlochklamm ist ab Mitte Mai bis Mitte Okt. von 8 bis 18 Uhr geöffnet (Eintritt 3,50 €, Kinder 1,50 €, Führung 1 € extra).

Uttendorf → S. 117, D 14
2900 Einwohner

Uttendorf ist Ausgangspunkt für eine Fahrt mit der Weißsee-Gletscherbahn hinauf zum Alpinzentrum Rudolfshütte am Weißsee (2310 m). (Mitte Juni-Anf. Okt. tgl. 9–16 Uhr; Berg- und Talfahrt 18,50 €.) Am Ufer des aufgestauten Weißsees, der ein idealer Ausgangspunkt für Hochgebirgstouren ist, liegt in einer malerischen Hochgebirgslandschaft die Rudolfshütte. Hier ist das Alpin- und Ausbildungszentrum des Österreichischen Alpenvereins untergebracht.

Wildpark Ferleiten
⇢ S. 117, F 15

→ Familientipps, S. 33

Zell am See ⇢ S. 117, F 13
9925 Einwohner

Die kleine Klostersiedlung aus dem Jahr 740 hat sich im Lauf der Zeit zu einem exklusiven Fremdenverkehrszentrum gemausert, das einen Teil der Europa-Sportregion Kaprun–Zell am See ausmacht. Nicht nur die geografische Lage – direkt am Zeller See, mit der Schmittenhöhe (1965 m), Österreichs schönstem Aussichtsberg, im Rücken –, sondern auch der Anschluss an das Eisenbahnnetz 1875 verhalfen dem Örtchen zu seinem rasanten wirtschaftlichen Aufschwung.

Vom alten Ortskern sind noch erhalten: das Schloss Rosenberg aus dem Jahr 1583 (jetzt Rathaus), der Vogt- oder Kastnerturm aus dem 13. Jh. (beherbergt das Heimatmuseum) und die Pfarrkirche St. Hippolyth, eine romanische Anlage des 11. Jh. Sehenswert ist auch das Hotel Lebzelter direkt neben dem Kastnerturm. Diese traditionsreiche Zeller Gaststätte besitzt seit 1484 die Gewerbeberechtigung für den Alkoholausschank.

Hotels/Andere Unterkünfte
Grand Hotel
Exklusive Vier-Sterne-Hotelanlage direkt am See. Die Zimmer im Seehotel sind modern eingerichtet, die Suiten im Stil von Alt-Österreich.
Esplanade 4; Tel. 0 65 42/7 88-0, Fax 78 83 05; E-Mail: info@grandhotel-zellamsee.at, www.grandhotel.cc; 115 Zimmer ●●●● CREDIT 🐕

Essen und Trinken
Schloss Prielau
Das mehrfach ausgezeichnete Gourmet-Restaurant in dem 600 Jahre alten Schloss Prielau bietet in gemütlich-gediegener Atmosphäre eine hochwertige Küche, begleitet von erlesenen Weinen. Das neu gestaltete Restaurant »Jörg Wörther« erhielt vom Gault Millau vier Hauben. Reservierung wird erbeten.
Hofmannsthalstr. 12; Tel. 0 65 42/7 29 11-0, Fax 7 29 11-11; www.schloss-prielau.at ●●●● CREDIT

Einkaufen
Godnstubn
Neben den »Original Pinzgauer Engerl« finden sich hier allerlei interessante Mitbringsel: Hinterglasmalerei, Holzschnitzereien, Krippen, Bücher, Antiquitäten, Rosenkränze, Weihwasserkessel und -kannen sowie Weihrauchfässer.
Salzmannstr. 8; Tel. 0 65 42/7 29 15

Am Abend
Ampère
Exklusiver Treff in altem Umspannwerk. Lokal und Bar in stilvollem Flair, in dem alkoholische und nichtalkoholische Cocktails gemixt werden.
Schmittenstr. 12; Mo-Sa 15–24 (Sommer), Mo–So 12–24 Uhr (Winter)

Diskothek Viva
Modernste Disco der ganzen Region. Laufende Showprogramme, Erotikshows und Livemusik.
Kirchengasse; tgl. ab 21 Uhr

Seebar-Dancing
Exklusives Tanz- und Unterhaltungslokal des Grand Hotels, bietet Abendunterhaltung mit Tradition, mehrmals wöchentlich auch Livemusik.
Esplanade 4; tgl. ab 21 Uhr

Pinzgauer Saalachtal

Ambitionierte Radurlauber und passionierte Skifahrer finden hier ihr persönliches Eldorado.

Ähnlich den Sternen am Firmament funkeln die Lichter des Nachts in Saalbach-Hinterglemm (→ S. 74), das von den Pinzgauer Grasbergen umgeben ist. Tagsüber tobt hier im Winter der »Skicircus«. Im Sommer sind die Skihänge saftige Almwiesen.

Wie ein Keil schiebt sich das Pinzgauer Saalachtal nach Bayern hinein. Über den Steinpass oder über den Pass Strub führen die Wege nach Unken und Lofer. Das Steinerne Meer, die Loferer Steinberge und die Leoganger Steinberge werden auf dem Weg nach Saalfelden passiert, im Süden liegen dann die sanften Kuppen der Pinzgauer Grasberge.

Saalfelden ist ein idealer Ausgangspunkt für Radtouren. Der Pinzgauer Tauernradweg verbindet auf einer Länge von über 200 km Saalfelden mit seinen Nachbarorten. Gipfelstürmer auf zwei Rädern finden rund um Leogang und in den Kitzbüheler Alpen Mountainbike-Touren unterschiedlicher Schwierigkeitsgrade. Der Ritzensee bei Saalfelden ist ein beliebter Platz zum Entspannen.

Insgesamt sind die Wanderwege aller Schwierigkeitsgrade im Pinzgauer Saalachtal rund 1000 km lang.

Saalfelden ⇢ S. 113, F 7
14 500 Einwohner

Saalfelden ist Zentrum des Pinzgauer Saalachtales. Die moderne Kleinstadt liegt an der Durchgangsroute, die von Bad Reichenhall nach Zell am See und weiter zur Großglockner Hochalpenstraße führt. Saalfelden erstreckt sich im weiten Tal der Saalach, eignet sich daher gut für gemütliche Wanderungen und Radausflüge.

Essen und Trinken
Kirchenwirt
Regionale Spezialitäten, u. a. Pinzgauer Naturrind (Pl-Rind) und Leoganger Weidelamm, in rustikaler Atmosphäre. Etwa 8 km westlich von Saalfelden.
Leogang 3; Tel. 0 65 83/82 16;
www.hotelkirchenwirt.com ●●

Schatzbichl
Ein hübsch eingerichtetes Landhaus mit gemütlichen Zirbelstuben erwartet den Gast. Die Wirtsleute machen sich seit Jahren um die typisch salzburgische Küche verdient und haben Rezepte von Mutter und Großmutter im Repertoire.
Ramseiden 82; Tel. 0 65 82/7 32 81;
www.schatzbichl.at; Di–Do ab 16 Uhr,
warme Küche 11–14, 17–21 Uhr ●●

Museen
Pinzgauer Heimatmuseum
Heimisches Brauchtum, Handwerk und Volkskunst sind Gegenstand dieses Museums im Schloss Ritzen. Sehenswert: die alpenländische Krippensammlung.
Tel. 0 65 82/7 27 59; Juli–Sept. Di–So
11–17 Uhr, März, April, Nov. geschl.;
Eintritt 3,30 €, Familien 4,40 €,
Kinder 1,80 €

Service
Auskunft
Ferienregion Pinzgauer Saalachtal
Loferer Str. 5, 5760 Saalfelden; Tel.
0 65 82/7 40 17, Fax 74 01 74; E-Mail:
office@pinzgauer-saalachtal.co.at

Ziele in der Umgebung

Lamprechtsofenhöhle
⇢ S. 113, E 6

Dieses Naturdenkmal birgt einen Superlativ: Es handelt sich um die tiefste wasserführende Höhle Österreichs. Sie reicht mit einer Gesamtlänge von 35 km in den Berg; erschlossen sind rund 600 m für die Besucher. Der Sage nach ist in diesem Höhlenlabyrinth der Schatz des Ritters Lamp-recht verborgen. Man kann die Höhle in etwa zwei Stunden auf eigene Faust erkunden. Besonders im Sommer ist sie ein beliebtes Ausflugsziel, da es im Innern immer schön kühl bleibt.
Tel. 0 65 82/83 43; Führungen 1. Mai–
31. Okt. 8–18; 1. Nov.–30. April
10–17 Uhr; 11. Feb.–15. März geschl.;
Eintritt 3,40 €, Kinder 1,70 €
23 km nördl. von Saalfelden

Leogang
---> S. 113, E 7

3100 Einwohner

Umrahmt von den Leoganger Steinbergen und den Pinzgauer Grasbergen liegt das ehemalige Bergbaudorf. Bereits um das Jahr 1200 wurden hier Bergwerke betrieben, die vom 15. bis ins 19. Jh. große wirtschaftliche Bedeutung errangen. Sehenswert ist das denkmalgeschützte Ensemble rund um die Kirche.

7,5 km westl. von Saalfelden

Maria Alm am Steinernen Meer
---> S. 113, F 7

2000 Einwohner

Maria Alm am Fuß des Steinernen Meeres ist ein wahres Bilderbuchdorf. Beherrscht wird das Ortsbild von der Marienwallfahrtskirche mit ihrem 84 m hohen Turm. Das spätgotische Gnadenbild der Muttergottes aus dem Jahr 1480 zog früher in Scharen die Wallfahrer an, die sich Schutz vor der Bärenplage erbaten.

5 km südöstl. von Saalfelden

HOTELS/ANDERE UNTERKÜNFTE
Landhotel Schafhuber
Familiengeführtes Haus direkt an der Skischaukel Maria Alm–Hinterthal–Dienten–Mühlbach. Im Winter ein Skihotel, im Sommer ein Stützpunkt für Wanderungen. Spezielle Wander-, Gesundheits- und Kreativwochen.

Hinterthal 67; Tel. 0 65 84/81 47, Fax 81 47-7; www.landhotel-schafhuber.at; 13 Zimmer ●●

Saalbach-Hinterglemm
---> S. 113, D 7/8

3100 Einwohner

Ein Ortsverbund ohne besondere Sehenswürdigkeiten, bestimmt hauptsächlich durch den Fremdenverkehr. 15 500 Gästebetten auf knapp 3100 Einwohner sprechen für sich. Saalbach ist der Hauptort des Glemmtales, das sich nordwestlich des Zeller Sees in Ost-West-Richtung erstreckt. Hier ist auch am Abend was los. In einigen Bars und Diskotheken tobt das Leben bis nach Mitternacht.

Hauptgeschäft ist der Wintersport, obwohl die Landschaft im Glemmtal auch ein familienfreundliches Wandergebiet darstellt. Die Bergbahnen sind auch im Sommer in Betrieb. Die Schattbergbahn – die größte Gondelbahn Österreichs – befördert bei einer Fahrt bis zu 100 Personen zur 2018 m hoch gelegenen Bergstation.

Vom Schattberg wie auch vom Zwölferkogel und vom Reiterkogel aus lassen sich gemütliche Wanderungen unternehmen.

24 km südwestl. von Saalfelden

MUSEEN
Heimathaus und Skimuseum
Sehenswert ist das alte Heimathaus und Skimuseum, das in einem wieder

Gesicherte Wege führen durch rund 600 Meter der Lamprechtsofenhöhle (→ S. 73), in der der Schatz eines Ritters liegen soll.

Die Betreiber der Lindlingalm bei Hinterglemm stellen Butter und Käse her.

errichteten Bauernhaus neben der Kirche untergebracht ist. Bei einer sachkundigen Führung wird hier die Geschichte von Saalbach-Hinterglemm sowie vom ersten Ski bis heute erzählt.
Tel. 0 65 41/79 58; Di und Do 14–18 Uhr; Eintritt 3 €, Kinder 1,50 €, Ermäßigung auf Anfrage

Sommerrodelbahn Biberg ⋯⋯⋯> S. 113, F 7

Mit 63 Kurven, drei Jumps und zwei Tunnel auf einer Wegstrecke von 1632 m gilt die Sommerrodelbahn als die längste Europas. Zum Startpunkt gelangt man mit dem Sessellift vom Saalfeldener Ortsteil Kehlbach.
Tel. 0 65 82/7 21 73; ab Mitte Juni–Sept. tgl. ab 9 Uhr
3,5 km südwestl. von Saalfelden

Vorderkaserklamm
⋯⋯⋯> S. 113, E 6

Ein Ausflug zur Vorderkaserklamm zwischen St. Martin und Weißenbach kann mit Grillen und Baden im rundherum gelegenen Naherholungsgebiet kombiniert werden. In jahrtausendelanger Arbeit hat der Ödenbach die 80 m tiefe und 400 m lange Klamm gegraben.
Tel. 0 65 88/8 52 00; Anfang Mai–Okt. tgl.; Eintritt 2,90 €, Kinder 1,60 €

MERIAN-Tipp

10 Übernachten auf der Alm

Wer es urig mag, der sollte sich einmal in einer Almhütte einmieten. Almleben live heißt aber auch, dass man auf die warme Dusche und den Fernsehapparat verzichten muss. Dafür lernt man sozusagen in einem Crash-Kurs, wie »romantisch« der Alltag eines Bergbauern oder einer Sennerin wirklich ist. Darüber täuschen auch die köstlichen selbst gemachten Produkte, vom Brot über die Butter bis hin zum Selbstgebrannten, nicht hinweg. Zwölf solcher Hütten gibt es im Großarltal. Übernachtung mit Frühstück kostet ab 7,50 € pro Person.

Auskünfte beim Tourismusverband Großarltal; Tel. 0 64 14/2 81; E-Mail: info@grossarltal.info

Pongau

Wo einst das Gold lockte, tummeln sich heute wohlhabende Promis in den Heilquellen.

Über dem Salzachtal thront majestätisch die Burg Hohenwerfen auf einem 155 Meter hohen Felskegel. Viele Jahrhunderte diente sie als Gefängnis, heute werden hier Veranstaltungen, wie Theater- und Brauchtumsabende, abgehalten.

Der Pongau erstreckt sich zwischen Werfen im Norden, dem Mandlingpass im Osten, dem Tauernkamm im Süden und Lend im Westen. Geologisch ist der Pongau ein breitsohliger Talabschnitt, durch dessen Mitte die Salzach fließt. Dazu gehören die Nebentäler mit der Gasteiner Ache und dem Großarlbach. Durch das Gasteiner Tal führte schon früh eine der Hauptrouten zur Überquerung des Alpenhauptkamms. Kupfervorkommen und Goldfunde machten den Pongau recht bald zum Siedlungsgebiet. Daneben wurden auch Silber, Blei, Nickel und Eisenerz gefunden. Die letzten Kupferbergwerke wurden erst 1977 stillgelegt. Im Mittelalter kam es im Gasteiner Tal zu einem regelrechten Goldrausch. Zu dieser Zeit nutzte man auch bereits die Heilquellen, die besonders seit Mitte des 19. Jh. internationale Prominenz ins Land lockten.

Der Pongau steht für eine ganze Reihe von Bräuchen, die sich bis heute erhalten haben. Bei den Perchtenläufen am 6. Januar wechseln sich die einzelnen Orte im Pongau turnusmäßig ab. Mit den bis zu 40 kg schweren Perchtenmasken sollen die bösen Mächte vertrieben und gute ins Land geholt werden. Es gibt zwei Arten von Perchten: Die Schönperchten stellen gute Geister dar, während die so genannten Schiachperchten böse Dämonen personifizieren. Mit den Perchtenläufen gehen die Raunächte zu Ende. Fruchtbarkeit und Segen für das kommende Jahr werden eingefordert.

St. Johann im Pongau
⇢ S. 119, D 17

10 200 Einwohner

Die Pfarrkirche St. Johann beherrscht den Hauptort des Pongaus. Das mächtige neugotische Gotteshaus, nach einem verheerenden Brand 1855 bis 1873 neu erbaut, wird auch als »Pongauer Dom« bezeichnet. St. Johann im Pongau bietet sich als Sommererholungsort wie auch als Standplatz für Wintersportler an.

HOTELS/ANDERE UNTERKÜNFTE
Kur- und Sporthotel Sonnhof
⇢ S. 118, C 17
Die Wirtsleute verwöhnen die Gäste rundum, zum Beispiel mit Strudelfest oder Wildererschmaus.
Kirchweg 2, 5621 St. Veit; Tel. 0 64 15/ 43 23, Fax 73 19 28; 23 Zimmer ●●●

ESSEN UND TRINKEN
Bräustüberl ⇢ S. 118, C 17
Köstliche Jausen zu günstigen Preisen, dazu das mit Goldmedaillons ausgezeichnete Schwarzacher Bier. Tipp: dunkles oder gemischtes Bier.
Brauhausgasse 28, 5620 Schwarzach; Tel. 0 64 15/75 36; Mo geschl. ●●

Ziele in der Umgebung

Bad Gastein ⇢ S. 118, C 19
5650 Einwohner

Die hochherrschaftlichen Villen, Hotels und Restaurants im Stil der Wende vom 19. zum 20. Jh. machen den Charme des weltbekannten Kurorts aus. Bereits im 14. Jh. erkannte man die heilende Wirkung des Wassers. Im Spätmittelalter erlebte der Badebetrieb seine erste Blütezeit. Ganz ernst dürfte es damals nicht zugegangen sein, so lässt zumindest der Spruch einer alten Gasteiner Badestube vermuten: »Außen Wasser, innen Wein, lasst uns alle fröhlich sein!« Der moderne Kurbetrieb wurde im 18. Jh. aufgenommen. Das Radon-Thermalwasser und der Radon-Heilstollen haben schon viele Leiden gelindert. Aus den Thermalquellen sprudeln pro Tag etwa 5 Mio. l des heilsamen Wassers.

37 km südl. von St. Johann

Bad Hofgastein

....⟩ S. 118, C 19

6800 Einwohner

Der alte, ehrwürdige Hauptort des Gasteiner Tals ist ein traditionsreiches Heilbad. Das ausgedehnte Kurzentrum bietet ein breites Spektrum an Unternehmungsmöglichkeiten in Sachen Gesundheit und Badespaß. Da die weite Tallandschaft, in der der Ort liegt, kaum Höhenunterschiede aufweist, ist Bad Hofgastein zudem ein beliebtes Ziel von Wanderern.

31 km südl. von St. Johann

Hotels/andere Unterkünfte
Grand Park Hotel
Kurhotel mit modernem Fünf-Sterne-Komfort.
Kurgartenstr. 26; Tel. 0 64 32/63 56-0, Fax 84 54; www.grandparkhotel.at;
89 Zimmer ••• ♿ 🐾

Sehenswertes
Alpen Therme Gastein 🧖
Sechs Erlebnis- und Gesundheitswelten auf 32 000 qm mit einem einzigartigen 360-Grad-Alpenpanorama, einer Saunawelt mit Bergsee, Ruhe- und Wellnessoasen, Multimedia-Erlebnisdom, tollen Wasserrutschen, Geysiren und einer gläsernen Sky Bar. Die Alpen Therme Gastein gilt als Europas modernste alpine Gesundheits- und Freizeitlandschaft. Eine völlig neue Dimension von Entspannung, Regeneration und Freizeitvergnügen. Die Elemente Naturstein, Holz und das Wasser aus den Quellen Gasteins verstärken die Einheit mit der Umgebung und werden zum Symbol der neuen Alpen Therme Gastein.
Sen.-W. Wilflingplatz 1; Tel. 0 64 32/ 8 29 30; www.alpentherme.com;
So-Mi 9-21, Do-Sa 9-22 Uhr

Bischofshofen

....⟩ S. 114, C 12

10 000 Einwohner

Die größte Stadt im Pongau und der wirtschaftliche Mittelpunkt der Region. Sehenswert ist das Rupertikreuz in der Pfarrkirche St. Maximilian. Das Original des metallverkleideten Holzkreuzes, das in der Kirche durch eine Kopie ersetzt ist, wird im Pfarrhof

Nördlich von Bad Hofgastein liegt Dorfgastein, die kleinste Gemeinde im Gasteinertal.

(Moßhammer Platz 2) aufbewahrt. Es wurde vermutlich um 800 in Irland gefertigt. Die landschaftlich reizvolle Umgebung von Bischofshofen, das am Fuße des 2938 m hohen Hochkönigs liegt, lässt sich auf einer kleinen Wanderung zum Grainfeld-Wasserfall und der oberhalb gelegenen Burgruine Bachsfall genießen. Auf der Naturschanze von Bischofshofen endet jedes Jahr am 6. Januar die deutsch-österreichische Vierschanzentournee.
10 km nördl. von St. Johann

Dienten ⇢ S. 118, B 17
800 Einwohner

Die Pfarrkirche St. Nikolai vor den schroffen Türmen des Hochkönigmassivs ist ein wirkungsvolles Fotomotiv. Die Einwohner der ehemaligen Bergbausiedlung leben heute fast ausschließlich vom Fremdenverkehr.
28 km nordwestl. von St. Johann

Eisriesenwelt 👫
⇢ S. 114, C 11

Ein unterirdischer Fluss schuf die Eisriesenwelt im Tertiär. 1879 wurde sie entdeckt, 1912 erschlossen. Bisher sind 47 km erforscht. Rund 800 m führt der Besucherweg in das Berginnere, in eine Märchenwelt aus Eis. Figuren aus der nordischen Mythologie standen Pate für die bizarren Eispaläste. Ein Fußweg führt von Werfen aus in etwa dreieinhalb Stunden zur Höhle. Die Zufahrt erfolgt über eine 6 km lange Bergstraße. Von dort sind es noch 15 Fußminuten zur Talstation der Seilbahn Eisriesenwelt. Warme Kleidung und feste Schuhe sind ratsam.
Wimmstr. 24, 5450 Werfen; Tel. 06 62/ 84 26 90-14; www.eisriesenwelt.at; 1. Mai–26. Okt. 9–15.30, Juli/Aug. bis 16.30 Uhr; Berg- und Talfahrt 10,50 €, Kinder 5 €; Führungen (Dauer etwa 75 Minuten) Höhlenführung 8,50 €, Kinder 4,50 €
17 km nördl. von St. Johann

30 000 Quadratmeter Eisfläche machen die Eisriesenwelt zur größten bekannten Eishöhle der Welt.

Entrische Kirche
⇢ S. 118, C 18

Die größte Höhle der Salzburger Zentralalpen liegt am Eingang zum Gasteinertal. Während der Gegenreformation diente sie den Protestanten als geheimer Versammlungsort. Die Geschichtsschreiber sprechen heute angesichts der Vertreibung der Protestanten im Jahr 1732/1733 vom »schwärzesten Kapitel« der Landesgeschichte. Im Fledermaus-Dom ist eine Gedenkstätte eingerichtet.
Palmsonntag–Anfang Okt. tgl. außer Di 11, 12, 14 und 15 Uhr; Juli, Aug. tgl. zur vollen Stunde; Eintritt 9 €, Kinder 4,50 €
22 km südwestl. von St. Johann

Goldegg ⇢ S. 118, C 17
2350 Einwohner

Hauptattraktion des Ortes ist das Schloss Goldegg. Es geht auf eine Burg aus dem Jahr 1322 zurück, von der die Holzeinbauten in den Wohn- und Schlafräumen erhalten sind (um 1322). Im 16. Jh. wurde die Burg zum

Schloss erweitert. Der Rittersaal mit Fresken und bemalter Wand- und Deckenvertäfelung zählt zu den wertvollsten Profandenkmälern der österreichischen Renaissance. Im zweiten Stock ist das Pongauer Heimatmuseum untergebracht, das alte bäuerliche Gebrauchsgegenstände und Werkzeuge ausgestorbener Berufe zeigt.
Führungen 15. Juni–15. Sept. tgl. außer Mi 14 Uhr; Eintritt 3,50 €, Kinder 1 €
10 km südwestl. von St. Johann

ESSEN UND TRINKEN
Hotel Restaurant Seehof
Seit 1727 »Historische Salzburger Gaststätte« mit einem schönen Garten. 1995 mit zwei Hauben ausgezeichnet. Kreative Küche.
Hofmark 8; Tel. 0 64 15/8 13 70, Fax 82 76 ••• CREDIT

Kößlerhäusl (Denkmalhof) ⸺› S. 119, D 18/19

Zwischen Großarl und Hüttschlag findet sich links neben der Straße das ehemalige Bergknappenhaus der Familie Kößler aus dem 16. Jh. Der roh gezimmerte Blockbau erzählt vom Leben in dieser Zeit. Wohnung, Stall und Scheune waren zusammengeschlossen. Sehenswert: die Rauchkuchl.
Eben 16; Tel. 0 64 14/3 00; Juni–Nov. Fr 13–17 Uhr

Liechtensteinklamm 👫 ⸺› S. 119, D 17

Die Sage erzählt, dass die Klamm vom Teufel geschaffen wurde, der hier, beim vergeblichen Versuch, die Gasteiner Quellen nach Großarl zu bringen, seine Last in die tiefe Schlucht schleuderte. Der Weg durch die 1,2 km lange Klamm führt über gefahrlos begehbare Brücken, Stiegen und durch Tunnel zum 50 m hohen Wasserfall. Dort kann man auf einer Plattform das Naturschauspiel genießen. Beim Parkplatz am Eingang zur Klamm gibt es einige Restaurants.
8. Mai–30. Sept. tgl. 8–18, Okt. tgl. 9–16 Uhr; Eintritt 3,50 €, Kinder 2,20 €
30 km südl. von St. Johann

Mühlbach ⸺› S. 114, C 12
2400 Einwohner

Der Fremdenverkehrsort ist vor allem wegen der Verbindung zur Skischaukel Dienten–Hinterthal–Maria Alm bekannt. 4000 Jahre Bergbau haben den Ort geprägt. Hier liegt eine der ältesten Kupferlagerstätten Europas. Davon können sich die Besucher im Johanna Schaustollen überzeugen. Ausgangspunkt ist der Ort auch für die Besteigung des Hochkönigs (→ Routen und Touren, S. 92).

22 km südwestl. von St. Johann

MUSEEN
Johanna Schaustollen und Museum in Mühlbach 👫
Die Arbeitsmethoden im Bergbau von der Zeit der Illyrer bis zur heutigen Zeit werden sehr anschaulich dargestellt. Gegründet wurde das Museum von ehemaligen Knappen, die auch einen früheren Luftschutzstollen zu einem Schaustollen umfunktionierten.
Führungen Mai–Ende Okt. Do–So 14–17 Uhr; Eintritt 4 €, Kinder 3 €

Tauernstraßenmuseum ⸺› S. 115, E 12

2000 Jahren Verkehrsgeschichte von der Römerstraße bis zur Tauernautobahn widmet sich dieses Museum in Eben. Untergebracht ist es im Gasthofgut direkt neben der Autobahnraststätte.
1. Juli–30. Sept. Mi, Sa 15–19 Uhr; Eintritt 2 €, Kinder 1 €
20 km südl. von St. Johann

Werfen ⤑ S. 114, C 11

3200 Einwohner

Der alte Salzburger Markt mit seinem stimmungsvollen Ortskern um einen lang gestreckten Hauptplatz ist sommers wie winters beliebt. Sehenswert: der barocke Hochaltar in der Pfarrkirche (1652–1657) und die Arkadengänge im Innenhof des Brennhofs Werfen am Hauptplatz, wo gelegentlich gemeinsame Sonderausstellungen mit der Burg Hohenwerfen (1077) stattfinden. Sie wurde zur Zeit des Investiturstreits zum Schutz gegen die Truppen Heinrichs IV. erbaut. Heute dient die Burg als Tagungs- und Veranstaltungsort. Erweiterungen aus dem 12. und 16. Jh. verliehen ihr das Gesicht. Die Bilderbuch-Burgruine kann im Rahmen einer einstündigen Führung besichtigt werden (Ende März bis Anfang Nov. tgl. 9–17 bzw. 16.30 Uhr, im Sommer 18 Uhr).

17 km nördl. von St. Johann

Hotels/andere Unterkünfte
Dr.-Heinrich-Hackel-Hütte
Die Hütte des Alpenvereins liegt auf einer Höhe von 1531 m, 45 Minuten von der Seilbahn entfernt, rund zwei Stunden von Werfenwang. Die Zimmer haben keine Heizung. Eine Waschgelegenheit ist vorhanden. Anmeldung und Information bei Familie Gstatter.
Neuberg 193/1; 5532 Filzmoos; Tel. 06 64/3 42 91 14; Mai–Okt., im Winter an Wochenenden; 4 Betten, 45 Lager ●

Museen
Falknereimuseum ⤑ S. 114, C 11
Das erste österreichische Falknereimuseum zeigt u.a. Exponate zum Thema mittelalterliche Jagd und Falkenausbildung.
Burg Hohenwerfen; Ende März bis Anfang Nov. tgl. 9–16.30 Uhr, April Mo geschl.; Eintritt (inklusive Führung, Museum und Greifvogelschau) 9,50 €, Kinder 5 €, Familien 20 €

Mühlbach liegt wunderschön vor der dramatischen Kulisse des Hochkönigs. Mit 39 Liftanlagen und 150 Abfahrtskilometern lockt es viele Ski- und Snowboardfreunde.

Tennengau

Salz, Eis, Mühlen und Öfen – das Wasser schuf die spröden Schönheiten dieser Region.

Der Arlerhof in Abtenau (→ S. 84) stammt aus dem Jahr 1325. Heute gewährt er dem Besucher als Heimatmuseum Einblicke in das Landleben längst vergangener Tage.

Hallein → S. 114, B 9

20 000 Einwohner

Eigentlich müsste der Tennengau Salzgau heißen. Denn das Salz, jenes der Salzach, das dem »Hausfluss« des Gaues wie dem gesamten Salzburger Land seinen Namen gab, kommt seit nun viereinhalb Jahrtausenden aus dem Tennengau. Hallein ist der größte Ort in der Region. »Nomen est omen«, denn die Griechen sagten zum Salz »Hal«.

Die Salzburger Fürstbischöfe nannten diesen Bezirk Tennengau, nachdem er 1896 selbstständig geworden war. Pate stand das Tennengebirge, das die Gegend mit seinen über 2300 m hohen Bergen nach Süden hin vom Pongau abriegelt.

Heute ist der Tennengau hauptsächlich eine Wanderlandschaft, die von der langjährigen und harten Arbeit des Wassers immer noch zehrt, genau genommen profitiert: Da gibt es zum einen die Salzach- und Lammerklamm oder das Salzbergwerk in Bad Dürrnberg bei Hallein. Da gibt es außerdem den Dachstein-Gletscher und den Gollinger Wasserfall. Wassermühlen gehören zum Tennengau ebenso wie die unzähligen Bäche, an denen sie einst zu hunderten gestanden haben. Die Mühlen sind nahezu alle verschwunden, bis auf wenige Ausnahmen: in St. Koloman am Kolomansbach, in Kuchl nahe des Ortsteils Strubau, in Golling am Zugang zum Schwarzbachfall, in Abtenau neben dem Denkmal »Arlerhof«, in Annaberg im Rauenbachtal an der Zufahrt zur Riedlkarbahn und die Winklermühle in Scheffau am Schwarzenbach.

Kein Wunder, dass die Region entlang von Salzach und Lammer zahlreiche Urlauber anzieht. Viele von ihnen kommen wegen der Gegensätze zwischen den touristisch gut erschlossenen Tälern und den noch urwüchsigen Gebirgsgegenden, dem Skifahrerparadies im Winter sowie dem Aktivwander- und Mountainbike-Mekka im Sommer.

Die historische Altstadt der Salinenstadt steht unter Denkmalschutz. Wie schon vor 400 Jahren zieren sie schmucke Bürgerhäuser in bunten Farben, liebevoll restauriert mit barocken Motiven und Sinnsprüchen, Torbögen, Gassen und einer Fußgängerzone mit Pflastersteinen.

Auf dem Weg durch die krummen Gässchen kommt man unweigerlich auch an der Stadtpfarrkirche vorbei, wo ein einziges Grab auf dem Platz neben der Kirche steht. Hier wurde 1863 der Stadtpfarrer und Organist Franz Xaver Gruber bestattet, der Komponist des Weihnachtsliedes »Stille Nacht, heilige Nacht«. Ihm zu Ehren wurde in Hallein eigens ein Museum eingerichtet.

Den Ruhm der Bezirkshauptstadt des Tennengaus und der zweitgrößten Stadt des Salzburger Landes macht aber zweifelsohne das Schaubergwerk im Ortsteil Bad Dürrnberg aus, das viele Aktivitäten für die ganze Familie bietet.

HOTELS/ANDERE UNTERKÜNFTE
Kurhotel Vollererhof
Abseits vom Trubel liegt eines der feinsten Hotels im gesamten Tennengau: der Vollererhof. Auf 800 m Seehöhe, nur 10 km von der Festspielstadt Salzburg entfernt, bietet sich hier das ganze Jahr hindurch nicht nur die Chance, einmal kurzzeitig so richtig auszuspannen. Ein bestens ausgebildetes Team bietet zudem medizinisch fundierte Anleitung zur tiefen und lang anhaltenden Entspannung – und das alles umrahmt von einem herrlichen Bergpanorama. In diesem Haus werden auch verschiedene Kuren gepflegt, wie etwa die Wiestal-Quelle-Trinkkur.
Thurnberg 158, 5412 Puch; Tel. 0 62 45/ 8 99 10; E-Mail: kurhotel@vollererhof.at, www.vollererhof.at; 42 Zimmer ●●●

Einer der zwei Felstürme, den so genannten Barmsteinen, die sich bei Hallein (→ S. 83) über dem Salzachtal erheben.

Museen

Keltenfreilichtschau Dürrnberg
Keltisches Anwesen mit Schilfdach nebst rekonstruiertem Fürstengrab.
1. April–31. Okt. 9–17, 1. Nov.–31. März 11–15 Uhr; Eintritt 2,50 €. (Der Eintrittspreis für das Salzbergwerk schließt den Besuch aber mit ein.) Weitere Infos: Tel. 0 62 45/8 52 85 22

Keltenmuseum
Eines der größten Keltenmuseen Europas ist im ehemaligen Salinenverwaltungsgebäude in Hallein untergebracht. Wertvolle Funde aus den Keltengräbern auf dem Dürrnberg, Ausgrabungen, Werkzeuge und Ausrüstungsgegenstände der frühgeschichtlichen Bergleute sind hier ausgestellt.
Pflegerplatz 5; Tel. 0 62 45/8 07 83; www.keltenmuseum.at; tgl. 9–17 Uhr; Eintritt 6 €, Kinder 2,50 €

Salzbergwerk Hallein/ Bad Dürrnberg
1989 wurde das Salzbergwerk stillgelegt, was dem Schaubergwerk Halleins allerdings keinen Abbruch tat: Jenes blieb offen und nimmt jährlich mehr als 200 000 Besucher auf. Fein säuberlich in eine weiße Überbekleidung eingepackt, fahren Sie mit der Grubenbahn ein, überschreiten unterirdisch die Grenze zu Deutschland und gleiten auf zwei langen Holzrutschen in die Tiefe, um den beleuchteten Salzsee zu bewundern.
Ramsaustr. 4, 5422 Bad Dürrnberg; Tel. 0 62 45/8 52 85 11; www.salzwelten.at; tgl. 9–17 Uhr; Kinder unter vier Jahren dürfen nicht einfahren; Eintritt 17 €, Kinder ab sechs Jahren 10 €

Stille-Nacht-Museum
Der Stadtpfarrer und Organist Franz Xaver Gruber, der 1818 in Oberndorf das Weihnachtslied »Stille Nacht, heilige Nacht« komponiert hat, wirkte von 1835 bis zu seinem Tod 1863 als Chorregent und Organist in der Salzstadt. Sein Haus gegenüber der Kirche ist heute ein Museum.
Grubenplatz 1; Tel. 0 62 45/8 53 94; 7. Jan.–1. Advent 15–17, 1. Advent– 6. Jan. 11–17 Uhr

Ziele in der Umgebung

Abtenau → S. 115, D 10
5700 Einwohner

Abtenau ist der meistbesuchte Fremdenverkehrsort im Tennengau und zeichnet sich durch die größte Zahl an Übernachtungsmöglichkeiten aus. Sport wird hier ganz groß geschrieben. Extremkletterer Georg Bachler führt seinen Club Alpin, Abfahrtsweltmeister David Zwilling seinen Club Zwilling. In diesen Sportschulen wird Drachen- und Gleitschirmfliegen, Kajakfahren und Klettern gelehrt, Riverraften auf der Lammer und abenteu-

Hallein – Adnet

erliche Schlauchboottouren nicht zu vergessen. Und natürlich besticht auch die Natur. Über eine Mautstraße, die Postalmstraße (PKW 4 Pers. 9 €, Motorrad 3/4,50 €), gelangt man zur Postalm, dem zweitgrößten Hochplateau Europas. Es ist ein Landschaftsschutzgebiet.
32 km südöstl. von Hallein

HOTELS/ANDERE UNTERKÜNFTE
Moisl
Bestes und teuerstes Hotel am Platz, verfügt über eigene Tennisplätze und Schwimmbad. Fitnessprogramme.
Markt 26; Tel. 0 62 43/2 23 20; E-Mail: info@hotelmoisl.at, www.hotelmoisl.at; 75 Zimmer ●●● ♿ 🐾

Adnet ⟶ S. 111, D 4
3300 Einwohner

Wissbegierige erfahren hier mehr über Marmor als anderswo. Denn in Adnet dreht sich alles um dieses Naturprodukt. Ein Teil der Bürgersteige und Straßen ist mit dem rötlichen Stein gepflastert, der auf dem dicht bewaldeten Guggenhügel mit einer Seilsäge aus den Hängen geschnitten wird. Schon die Römer haben den Marmor aus Adnet für Mosaikfußböden verwendet. Mehr zu sehen gibt es in einem kleinen Marmormuseum der örtlichen Raiffeisenkasse (Führungen nach Absprache) und entlang des Marmorlehrpfades.
4,5 km nordöstl. von Hallein

HOTELS/ANDERE UNTERKÜNFTE
Halleinerhaus
Das Halleinerhaus ist eine gemütliche, voll bewirtschaftete Berghütte mit Zwei-, Drei- und Vierbettzimmer sowie einem Lager mit elf Betten und acht Zusatzbetten. Insgesamt gibt es 50 Schlafgelegenheiten. Es befindet sich in einem sonnigen Almgebiet auf 1150 m in bester Aussichtslage. Mit dem Auto direkt und mautfrei erreichbar. Tipp: das »Bierparadies« mit über 20 verschiedenen Biersorten. Ganzjährig geöffnet.
Spumberg 55, 5421 Adnet; Tel. 06 64/ 6 14 55 35; E-Mail: halleinerhaus@gmx.at, www.halleinerhaus.at; 50 Betten ●● 🐾

Spaß für die ganze Familie bietet das Salzbergwerk Hallein: Einen echten Salzsee mit dem Boot zu befahren ist nur eine der vielen Attraktionen.

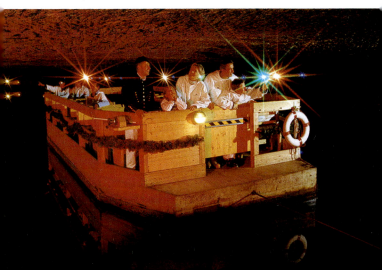

Ein atemberaubendes Naturspektakel: Der 76 Meter hohe Gollinger Wasserfall kann teilweise über eine Treppe erklommen werden.

Golling ---> S. 114, C 10
3850 Einwohner

Wahrzeichen ist die Burg Golling, deren Kern auf eine Mittelalterburg zurückgeht. Golling war schon früher ein wichtiger Ort an der Straße nach Süden über den Pass Lueg. Daran erinnert noch die breite Marktstraße, die von stattlichen Gasthäusern, verziert mit Ornamenten und Rundbögen, gesäumt ist. Der Ort am Fuße der Alpen ist auch Ausgangspunkt für viele Wanderungen und leichte Hügelwege in das Erholungsgebiet Bluntautal sowie zum Gollinger Wasserfall bei St. Nikolaus/Torren. Der Wasserfall wurde übrigens 1805 öffentlich zugänglich gemacht. In 45 Fußminuten ist dieses Naturspektakel zu erreichen, das eine Fallhöhe von 76 m aufweist (Mai–Okt. tgl.; Eintritt 1,80 €).
13 km südl. von Hallein

Hotels/andere Unterkünfte
Hauslwirt
Wer Tradition kombiniert mit modernem Komfort liebt, ist in den alten Gemäuern gut aufgehoben. Empfehlenswerte Küche.
Marktplatz 13; Tel. 0 62 44/42 29, Fax 77 88; E-Mail: info@hauslwirt.at, www.hauslwirt.at; 35 Zimmer ●●●

Fürstenhof
Der Bio- und Gesundheitsbauernhof wird sehr familiär geführt. Die renovierten »Fürsten-Suiten« mit einem Hauch von Nostalgie sind mit Dampfdusche und einer frei stehenden Badewanne ausgestattet. Kräutergarten, Hofkäserei, Hofladen und Bio-Gastronomie schlagen eine Brücke zur Natur.
Kellau 15, 5431 Kuchl (bei Golling); Tel. 0 62 44/64 75; E-Mail: fam.rettenbacher@utanet.at, www.biohofladen.at; 6 Zimmer ●

Golling – Salzburger Dolomitenstraße

MUSEEN
Museum Burg Golling
Die Fossiliensammlung »Saurier & Co.« zeigt einen versteinerten, 235 Millionen Jahre alten Meeressaurier. Außerdem gibt es hier Knochen von Höhlenbären und -löwen, Römerfunde und sogar eine Folterkammer zu sehen.
Burg Golling; Juni–Mitte Sept. Di–So 10–12 Uhr; Eintritt 2,50 €, Kinder 1,10 €

ESSEN UND TRINKEN
Genießerhotel Döllerer
Hinter historischen Mauern verbirgt sich eine ausgezeichnete Küche in einem behaglichen Gourmet-Restaurant, das mit drei Hauben ausgezeichnet wurde.
Am Marktplatz 56; Tel. 0 62 44/4 22 00, Fax 69 12 42; E-Mail: office@doellerer.at, www.doellerer.at ●●● CREDIT

SERVICE
Auskunft
Gästeservice Tennengau
5400 Tennengau-Salzachtal;
Tel. 0 62 45/ 7 00 50, Fax 7 00 50-70;
E-Mail: info@ tennengau.com,
www.tennengau.com

SERVICE
Die folgenden Unternehmen haben sich auf diese Outdoor-Abenteuer spezialisiert:
www.alpinsport.at, www.outdoorconsulting.com, www.bergfex.info, www.outdoorunlimited.at, www.zwilling-outdoor.at

Lammerklamm ⛶
→ S. 115, D 10

Von Golling Richtung Osten nach Scheffau gelangen Sie durch das Lammertal zu einem Naturdenkmal, das es in sich hat: die Lammerklamm. Durch die 2 km lange und 60 m tiefe Klamm führen Stege entlang der Felswände, die teilweise abenteuerlich überhängen. Seit 1932 ist der Durchbruch der Lammer erschlossen und lockt jährlich 38 000 Besucher an. Wer Glück hat, kann Kajakfahrer und Rafter beobachten, die sich gerne den Herausforderungen des Lammertals stellen.
Mai–Okt. tgl. 9–19 Uhr; Eintritt 2,50 €, Kinder 1,50 €
18 km südöstl. von Hallein

Lammertal → S. 115, D/E 12

Das Lammertal bietet dem Besucher nicht nur die Lammerklamm (→ S. 87), sondern es ist auch so etwas wie das Mekka der Outdoor-Freaks. Hydrospeed, das ultimative Wildwasserabenteuer, bei dem man die geballte Kraft des Flusses am eigenen Körper spürt. Bäuchlings geht es auf dem Hydrospeed liegend auf der Ideallinie durch tosende Stromschnellen. Eingepackt in die wärmende Neoprenausrüstung, mit Helm, Schwimmweste und Flossen sicher ausgerüstet. Kajak und Kanu bieten Wildwasser-Erlebnis in seiner schönsten Form. Die Lammer und die Seen in der Umgebung sorgen für die besten Voraussetzungen, um diese Sportart kennen zu lernen.
54 km südl. von Hallein

Salzburger Dolomitenstraße → S. 115, D 10–E 11

Knapp 30 km ist die Salzburger Dolomitenstraße lang, die sich von Abtenau über Lungötz bis nach St. Martin durch das Lammertal ihren Weg bahnt. Der Name rührt von den schroffen weißlichen Felszacken des wuchtigen Gosaukammes im Osten, einem Teil der Skiregion Dachstein-West.
Im Winter tummeln sich hier die Gäste zum Skifahren, im Sommer zum Klettern und Wandern. Dennoch sind die vier Orte eigentlich nie überlaufen. Das gut besuchte St. Martin hat ein ungewöhnliches Naturschutzgebiet: das 12 qkm große Hochmoor »Schwarze Lacken« am Gerzkopf (Fußmarsch: zweieinhalb Stunden einfach, Führer ist zu empfehlen).

Routen und Touren

Majestätisch überragt der Großglockner (→ S. 66), der im Jahr 1800 erstmalig bestiegen wurde, alle anderen Gipfel der Hohen Tauern. Mit einer Höhe von 3797 Metern ist er der höchste Berg Österreichs.

Mit dem Fahrrad oder zu Fuß lassen sich die schönsten Winkel des Salzburger Landes fernab von Hauptstraßen auf geschichtsträchtigen Wegen vorzüglich erkunden.

Wandern auf dem Arnoweg – Kulturhistorische und landschaftliche Höhepunkte

Charakteristik: Die gesamte Strecke ist leicht begehbar. Ausdauer und manchmal Schwindelfreiheit und Trittsicherheit sind erforderlich. Ausnahme bildet eine Variante in den Hohen Tauern; **Dauer:** Nach Lust und Laune. Es sind sowohl Tages-Touren als auch mehrtägige Trekking-Touren möglich; **Länge:** Hauptstrecke 800 Kilometer; **Einkehrmöglichkeiten:** In allen Orten sowie auf vielen Berghütten, die der Weg passiert; **Karte:** ···→ Umschlagkarte vorne

Der Salzburger Rundwanderweg verbindet die landschaftlichen und kulturellen Höhepunkte zwischen dem Salzkammergut und den Hohen Tauern.

Der Arnoweg führt von Salzburg (Start- und Endpunkt: Salzburger Dom) über den Untersberg und den Königssee nach Saalfelden und weiter über die Pinzgauer Grasberge nach Krimml. Hier geht es an den Krimmler Wasserfällen vorbei über die Hohen Tauern nach Bad Gastein und in die Lungauer Gras- und Nockberge.

Von Tamsweg gelangt man über die Niederen Tauern nach Radstadt und über Abtenau, das Zwölferhorn und Thalgau nach Irrsdorf bei Straßwalchen. Den Abschluss bildet die so genannte »Flachgaurunde«, die die Wanderer über das Salzburger Alpenvorland wieder zurück zum Ausgangspunkt nach Salzburg führt.

Die etwa 800 km lange Hauptstrecke und die rund 400 km langen Strecken, die davon abzweigen, sind recht gut zu finden, denn sie wurden einheitlich ausgeschildert. Da der Adler das Wappentier des Erzbischofs war, ergänzt der König der Lüfte nun den Schriftzug auf den neuen Wegweisern.

Die Route des Arnoweges wurde so gewählt, dass sie – mit Ausnahme einer Variante in den Hohen Tauern – durchwegs über Wege führt, die für ausdauernde Wanderer ohne Hochgebirgserfahrung leicht begehbar sind, obwohl an einigen Stellen Trittsicherheit und Schwindelfreiheit erforderlich sind.

Auskunft erteilt: Salzburger Land Tourismus GmbH, Postfach 1, 5300 Hallwang; Tel. 06 62/66 88-0; www.arnoweg.com

Auf einem 15 mal 15 Meter großen Felsen thront die Ruine der Burg Wartenfels in Thalgau.

Unterwegs durch das Salzburger Seenland – Auf den Spuren der Literaten

Charakteristik: Gemütliche Radtour mit leichten Steigungen, die aber gut zu bezwingen sind. Die Strecke ist familientauglich; **Dauer:** Tagestour; **Länge:** 42 Kilometer; **Einkehrmöglichkeiten:** In allen Orten. Besonders empfehlenswert ist Mattsee wegen der Fischspezialitäten; **Karte:** ⟶ Umschlagkarte vorne

Eine Station der Seentour ist der Wallersee – bestens geeignet für einen Segeltörn.

Hier weilten große Literaten gerne zur Sommerfrische. Start frei für die Seentour auf dem Drahtesel vorbei an Waller-, Matt-, Obertrumer und Grabensee. Die knapp 100 km sind mit kleinen Richtungstafeln ausgeschildert, die eindeutig den Weg weisen. Wählen Sie für diese Radwanderung das Frühjahr oder den Herbst, denn im Sommer ist Hochsaison in der nahe gelegenen Mozartstadt und das Seengebiet von Ausflüglern überflutet. Start und Ziel dieser Tour ist Salzburg.

Der gesamte Streckenverlauf passiert die Orte Eugendorf, Seekirchen am Wallersee, Henndorf am Wallersee, Neumarkt am Wallersee, Schleedorf, Berndorf bei Salzburg, Nußdorf, Michaelbeuern, Lamprechtshausen, St. Georgen, Oberndorf, Anthering und Bergheim.

Bei unserem Tagesausflug sind insgesamt 42 km zu radeln. Wir treffen dabei auf Spuren großer Literaten wie Carl Zuckmayer, Ödön von Horváth und Thomas Bernhard, die allesamt in Beziehung zum Etappenziel Henndorf am Wallersee standen.

Wer sich lieber noch ein bisschen freistrampeln möchte, fährt nach Seekirchen am Wallersee. Von hier aus soll der heilige Rupert die Besiedelung des Landes um 700 begonnen haben. Über Schleedorf mit seinen stattlichen Bauernhöfen und der »Salzburger Käsewelt« (→ MERIAN-Tipp, S. 57) erreichen Sie Mattsee, um dort einen der köstlichen Seefische zu probieren, eine wohlverdiente Pause einzulegen und zu baden.

Auskunft erteilt: Salzburger Seenland Tourismus GmbH, Seeburgstr. 8, 5201 Seekirchen am Wallersee; Tel. 0 62 12/3 03 70-23, Fax 30 37 09; E-Mail: Info@salzburger-seenland.at, www.salzburger-seenland. at.

Zum Gipfel des Hochkönig – Wanderung auf den Berg der Sagen

Charakteristik: Gemütliche Tour, die dennoch (wie immer in der Bergwelt) Trittsicherheit sowie eine gute Kondition und gute Ausrüstung erfordert. Es gibt leichtere und schwierigere Routen; **Dauer:** Ein- bis Zwei-Tages-Tour, 5–7 Stunden (einfacher Weg); **Einkehrmöglichkeiten:** Arthur-Haus (Ausgangspunkt), Matras-Haus (2941 m); **Karte:** → S. 93

Das »ewige Schneegebirge« ist Heimat vieler Sagen und Legenden. Eine Berglandschaft voller Kontraste hält der Pinzgau bereit: Im Norden stößt er an schroffe Kalkmassive, im Süden reicht er bis zu den eisbedeckten Dreitausendern der Hohen Tauern, und dazwischen weiten sich sanfte Täler, die von grasbedeckten Bergen gesäumt werden.

Unser Wandergebiet gehört zum »Naturschutzgebiet Kalkhochalpen« und weist eine völlige bis weitgehende Ursprünglichkeit auf. Imposante Kalkstöcke und Karsterscheinungen prägen das Landschaftsbild. Wir wollen hinauf auf den Gipfel des Hochkönig (2941 m), der zwischen den wilden Kalkfelsen der Berchtesgadener Alpen und den sanften Kuppen der Salzburger Schieferalpen liegt. Wanderfreunde können sich unter mehreren Routen diejenige aussuchen, die ihrer Kondition und ihrem Können am besten entspricht. Die gewählte Tour ist zwar gemütlich, erfordert aber trotzdem eine gute Kondition und Trittsicherheit.

Arthur-Haus → Schartensteig

Zum Ausgangspunkt, dem Arthur-Haus bei **Mühlbach** (1502 m), gelangen Sie mit dem Bus oder dem eige-

Eine grandiose Naturkulisse begleitet den Wanderer auf dem Weg zum Hochkönig. Schon am Ausgangspunkt bei Mühlbach (→ S. 80) lohnt sich ein Blick in die Ferne.

Routen und Touren 93

nen Wagen. Der Hochkönig-Wanderbus verkehrt von Juni bis Oktober täglich von Maria Alm über Hinterthal, Filzensattel, Dienten, Dientnersattel, Mühlbach/ Hochkönig und Arthur-Haus nach Bischofshofen und auch zurück. Eine halbe Stunde geht es vom Arthur-Haus aus bergauf zur **Mitterfeldalm** (1669 m), dem letzten Posten im begrünten Weideland. Der weitere Weg führt durch eine beeindruckende vegetationslose Karstlandschaft, vorbei an der imposanten **Torsäule** (2587 m) über das **Ochsenkar** und den **Schartensteig**.

Übergossene Alm ···> Matras-Haus
Nun geht es weiter zum Plateaugletscher der **Übergossenen Alm** im Südosten des Steinernen Meeres. Unerwartet mühsam gestaltet sich schließlich noch der Weg über die Firn- und Geröllfelder. Die letzte Steilstufe, die Sie von Ihrem Ziel trennt, überwinden Sie gefahrlos über eine Leiter. Im **Matras-Haus** auf dem Gipfel des Hochkönig kann man übernachten und bei entsprechender Witterung einen traumhaften Sonnenunter- oder Sonnenaufgang erleben. Und vielleicht erzählt man Ihnen ja eine der zahlreichen Sagen: Schöne Mädchen lebten in der Einsamkeit, wo ihre Fantasie seltsame Blüten trieb. Kühe bekamen goldene Glocken, die jungen Männer wurden mit Wein bewirtet. Als sie dann einem müden Wanderer die Gastfreundschaft verwehrten, war das himmlische Strafgericht mit seiner Geduld am Ende. Es verwandelte die grünende Alm in wenigen Stunden in ein Schneefeld, unter dem die leichtsinnigen Mädchen bis heute begraben sind. So berichtet die Sage.

Auskunft erteilt der Fremdenverkehrsverein Mühlbach am Hochkönig, 5505 Mühlbach; Tel. 0 64 67/72 35-0, Fax 78 11; E-Mail: info@muehlbach.co.at, www.salzburgerland.com/muehlbach.

Wissenswertes über Salzburg und das Salzburger Land

Herzstück der Salzburger Altstadt ist die Getreidegasse (→ S. 43). 1150 erstmal als »Trabegasse« erwähnt, war sie schon zur Römerzeit eine wichtige Verkehrsader. Viele Häuser sind noch heute mit Jahreszahlen oder den Namen früherer Bewohner geschmückt.

Salzburg und das Salzburger Land im Überblick:
von der Anreise bis zu Zollmodalitäten und vielen
anderen nützlichen Infos für die Reisevorbereitung
und den Aufenthalt vor Ort.

Jahreszahlen und Fakten im Überblick

1800 bis 900 v. Chr.
Schon in der Bronzezeit entwickelt sich Salzburg zum Mittelpunkt des mitteleuropäischen Kupferhandels. Auf dem Mitterberg bei Mühlbach am Hochkönig steht das größte Bergwerk.

900 bis 400 v. Chr.
Beginn des Salzbergbaus in der Hallstattzeit.

400 bis 15 v. Chr.
Mit dem Anfang der La-Tène-Zeit (400 v. Chr.) wird der hallstättische Salzabbau überflügelt vom Dürrnberg bei Hallein, wo sich Kelten niederlassen.

15 v. Chr.
Die Römer erobern das keltische Königreich Norikum, das unter Kaiser Augustus zur römischen Provinz erklärt wird. Gründung von Juvavum, dem heutigen Salzburg.

45 n. Chr.
Kaiser Claudius verleiht Juvavum das Stadtrecht.

Nach 488 n. Chr.
Die Römer ziehen sich zurück. Zu anfang des 6. Jh. siedeln sich die Bajuwaren (Baiern) im Norden des Flachlandes an.

Um 696
Der hl. Rupert, Bischof von Worms, gründet das Kloster St. Peter und das Kloster auf dem Nonnberg. Bayernherzog Theodor, von Rupert zum Christentum bekehrt, hatte dem Heiligen Ländereien und Reste von Juvavum geschenkt.

739
Die Siedlung wird durch den heiligen Bonifatius Sitz eines Bistums. Der Name Salzburg fällt erstmals in der Vita Sancti Bonifatii um 755.

774
Seinen ersten Dom und eine Blüte geistiger Kultur erlebt Salzburg unter Bischof Virgil (745–784) und anschließend unter Bischof Arno (785–821), der 798 Erzbischof wird.

1077
Die Festungen Hohensalzburg, Hohenwerfen und Friesach werden zum Schutz gegen die Truppen König Heinrichs IV. erbaut.

1166
Im Konflikt Kaiser Friedrichs I. mit dem Papst schlägt sich Salzburg wieder auf die Seite der Kirche. Der Kaiser verhängt die Reichsacht über die Stadt. Brandstifter legen Salzburg in Schutt und Asche.

1177
Kaiser und Papst einigen sich im Frieden von Venedig. Kardinal Konrad von Wittelsbach wird Erzbischof von Salzburg.

13. Jh.
Erzbischof Eberhard II. begründet die salzburgische Landeshoheit.

1348/1349
Ein Drittel der Salzburger Stadt- und Landbevölkerung stirbt an der Pest.

1495–1519
Die Festung Hohensalzburg wird ausgebaut.

1525/1526
Salzburg ist einer der Hauptschauplätze der Bauernkriege.

1587–1612
Landesherr Wolf Dietrich von Raitenau lässt das mittelalterliche Salzburg in eine barocke Fürstenstadt umgestalten.

Geschichte

1622
Die Universität wird gegründet.

1731–1733
Erzbischof Leopold Anton Firmian erzwingt die Ausweisung von 20 000 Protestanten.

1756
Wolfgang Amadeus Mozart wird in Salzburg geboren.

1800
Französische Truppen marschieren unter Napoleon in Salzburg ein und besetzen die Stadt.

1803–1816
1803 wird das Erzstift Salzburg säkularisiert. Es fällt als Kurfürstentum an den Großherzog Ferdinand III. von Toskana. 1805 geht es mit Berchtesgaden an Österreich, 1810 an Bayern und 1816 wieder an Österreich.

1849
Salzburg wird Kronland.

1861
Salzburg erhält eine Volksvertretung und eine Landesregierung.

1880
Die Internationale Stiftung Mozarteum wird ins Leben gerufen.

1920
Die ersten Salzburger Festspiele werden mit Hugo von Hofmannsthals »Jedermann« eröffnet. Nach dem Zusammenbruch der Donaumonarchie 1918 wird Salzburg 1920 österreichisches Bundesland.

1938
Deutsche Truppen marschieren in Österreich ein. Salzburg wird zum Reichsgau.

1944/1945
Bei Bombenangriffen werden große Teile der Stadt zerstört. Am 10. Mai marschieren amerikanische Truppen in Salzburg ein.

1945
Salzburg ist wieder österreichisches Bundesland.

1962
Gründung der neuen Universität.

1983
Der Salzburger Landtag beschließt die Errichtung des Nationalparks Hohe Tauern.

1994
Nationalrat und Bundesrat ratifizieren am 11. Nov. den Vertrag über Österreichs Mitgliedschaft in der EU.

1995
Am 1. Jan. wird Österreich Mitglied der Europäischen Union.

1997
Am 1. Jan. wird die Salzburger Altstadt zum UNESCO-Kulturerbe erklärt.

2000
Ein defekter Heizstrahler löst am 11. Nov. einen Großbrand in der Bahn auf das Kitzsteinhorn aus. Im Tunnel sterben 155 Menschen.

2002
Der Euro löst den österreichischen Schilling ab.

2006
Ganz Salzburg feiert Mozarts 250. Geburtstag.

2008
Salzburg ist einer der Austragungsorte der Fußball-Europameisterschaft.

Die wichtigsten kulinarischen Begriffe

B

Backhendel: junge Hühnerteile paniert und gebacken
Bauernschmaus: Geräuchertes mit Würstchen, Sauerkraut und Knödeln
Beinfleisch: gekochtes Beinfleisch vom Rind in Streifen
Beuschel: Lunge in pikanter Soße
Blunzen: Blutwurst (gefüllter Schweinsdarm)
Buchteln: gefüllte Rohrnudeln
Butterschnitzel: gehacktes Kalbfleisch, gebraten

E

Eierschwammerln: Pfifferlinge
Eierspeis: Rührei, Omelett
eingemachtes Kalbfleisch: Kalbsfrikassee mit Gemüse
Einmachsuppe: mit Mehl gedickte Suppe
Eintropfsuppe: Mehl-Eier-Einlage in heißer Bouillon
Erdapfel: Kartoffel

F

Faschiertes: Hackfleisch
Faschingskrapfen: gefüllte Berliner Pfannkuchen
Fiakergulasch: Gulasch mit Würstchen, Gurke und Spiegelei
Fisolen: grüne Schnittbohnen
Fleischknödel: Hascheeklöße
Frankfurter: Wiener Würstchen
Fritatten: in Streifen geschnittener Pfannkuchen

G

Gerstl: zerriebener Nudelteig, Suppeneinlage
Germknödel: Hefeteigklöße (mit Pflaumenmus gefüllt)
Golatschen: Plunderteiggebäck (meist mit Quark)
Grammeln: Grieben
Grenadiermarsch: Teigfleckchen und Kartoffeln mit Fleisch
Grießschmarren: gerösteter Grießbrei
Gugelhupf: Napfkuchen

H

Häuptelsalat: Kopfsalat
Herrenpilz: Steinpilz
Heurige: Frühkartoffel

J

Jause: Zwischenmahlzeit, Vesper, Brotzeit
Jungfernbraten: zartes Schweinefilet mit Kümmel

K

Kaiserfleisch: Kasseler Rippenspeer
Kaiserschmarrn: zerkleinerter Pfannkuchen mit Rosinen
Kalbsvogerl: ausgelöste Kalbshaxe
Karfiol: Blumenkohl
Karree: Rippenstück
Kasnocken: Spätzle mit geriebenem Käse
Kipferl: Hörnchen (zum Frühstück)
Kletzenbrot: dunkles Brot mit getrockneten Birnen
Knacker (Knackwurst): Regensburger Wurst
Knödel: Klöße
Kohlsprossen: Rosenkohl
Krautfleckerl: kleine Teigfleckchen mit Weißkohl
Kren: Meerrettich
Kutteln: Blättermagen, Kaldaunen

L

Leberreis: reisartige Leberspätzle
Liptauer: Quark mit Paprika und Gewürzen
Lungenstrudel: Strudelteig mit Lungenhaschee

M

Marillen: Aprikosen
Markknödel: Ochsenmarkklößchen
Maroni: Edelkastanien
Matrosenfleisch: Rindfleisch mit Gurken, Sardellen
gebackene Mäuse: Hefeteigstücke in Fett gebacken
Mehlspeise: Süßspeise
Melange: Milchkaffee
Minestra: Gemüsesuppe

N
Netzbraten: Hackbraten im Schweinsnetz
Nockerl: Klößchen aus Eierteig

O
Obers: süße Sahne
Oberskren: Sahnemeerrettich

P
Palatschinken: gefüllte dünne Pfannkuchen
Paradeiser: Tomaten
Pofesen: gefüllte Weißbrotscheiben, in Ei gewendet und gebacken
Polenta: Maisbrei
Polsterzipf: in Fett gebackene Teigstücke
Pomeranzen: Orangen
Porree: Lauch
Powidl: Pflaumenmus

R
Reibgerstel: geriebener Nudelteig, gekocht
Ribiseln: Johannisbeeren
Risipisi: Reis mit grünen Erbsen
Rote Rüben: Rote Bete
Russen: marinierte Heringe

S
Saft: Soße, Tunke
Salzburger Nocken: Süßspeise aus Eiern, Zucker, Vanille und Butter
Salzstangerl: kleine Brotstangen mit Salz
Scheiterhaufen: Brötchen-Auflauf mit Äpfeln, Rosinen
Schinkenfleckerl: Nudelteig-Quadrate mit Schinken
Schlagobers: geschlagene süße Sahne
Schlickkrapfen: fleischgefüllte Nudelteig-Täschchen
Schlutzkrapfen: gekochter Mehlquark
Schopfbraten: Schweinsnacken
Schöpsernes: Hammelfleisch
Schwammerl: Pilze
Seidel: Hohlmaß von 0,3 Liter
Semmel: Brötchen

Das sollte man sich auf jeden Fall gönnen – einen »Einspänner« (schwarzer Kaffee im Glas mit Sahne) und ein Stück Kuchen im Café Tomaselli (→ S. 49) in Salzburg.

Semmelkren: warme Meerrettichsoße
Serviettenknödel: im Tuch gekochte Knödelmasse
Staubzucker: Puderzucker
Stelze: Schweins- oder Kalbshaxe
Striezel: Brotzopf von Weizenmehl
Strudel: dünner Teig mit eingerolltem Obst oder Fleisch

T
Tafelspitz: gekochtes Tafelstück der Rindskeule
Topfen: Quark

V
Vogerlsalat: Feldsalat

W
Weichseln: Sauerkirschen
Weinbeerln: Rosinen

Z
Zuckerl: Bonbon

Nützliche Adressen und Reiseservice

> **Auf einen Blick**
> **Einwohnerzahl:** 500 000
> **Fläche:** 7154 qkm
> **Größte Stadt:** Salzburg (148 000 Einw.)
> **Sprache:** Deutsch (mittelbairische Mundart)
> **Religion:** 80 % römisch-katholisch, 3,5 % protestantisch, 16,5% sonstiges

Anreise

Salzburg und das Salzburger Land erreicht man problemlos. Gut ausgebaute Autobahnstrecken führen aus allen Teilen Deutschlands und der Schweiz in diese Region. Doch gerade in der Urlaubszeit und an verlängerten Wochenenden sind sowohl die Strecken vom Norden nach München als auch von dort Richtung Salzburg chronisch überlastet. Meldungen von kilometerlangen Staus am Hofoldinger Forst und dem Irschenberg sind dann an der Tagesordnung. Warum also nicht mal mit dem Zug anreisen? In Salzburg Stadt ist es ohnehin schwierig, einen Parkplatz zu finden. Zudem sind alle Sehenswürdigkeiten gut zu Fuß zu erreichen. Und im umgebenden Land ist die Infrastruktur mit Postbussen, der Österreichischen Bundesbahn und der Salzburger Stadtbahn so gut ausgebaut, dass es eigentlich keine Schwierigkeiten gibt. Hoteliers, Gastwirte und Fremdenverkehrsverbände holen als Service ihres Hauses bzw. ihres Ortes die Gäste von Bahnstationen sowie Bushaltestellen ab.

Mit dem Auto

Die kürzeste Strecke von Deutschland nach Salzburg führt über München. Auf der A 8 erreicht man von dort aus nach knapp 140 km Salzburg. Zürich trennen 450 km von der Mozartstadt. Autofahrer benötigen den nationalen Führerschein, die nationale Zulassung und ein Nationalitätenkennzeichen (D, CH). Pflicht sind Verbandskasten, ein Warndreieck sowie eine Warnweste. Die grüne Versicherungskarte ist empfehlenswert. Es besteht Gurtpflicht. Die Promillegrenze liegt bei 0,5. In Österreich gilt ein Tempolimit von 130 km/h auf Autobahnen, von 100 km/h auf Landstraßen, von 50 km/h im Ortsbereich (sofern keine andere Geschwindigkeit angegeben ist).

Auf allen österreichischen Autobahnen besteht Vignettenpflicht. Darüber hinaus sind einige Straßen noch extra mautpflichtig: die Tauernautobahn zwischen Flachauwinkel und Rennweg, die Gerlosstraße, die Felbertauernstraße, die Großglockner Hochalpenstraße, die Gasteiner Alpenstraße auf das Naßfeld, die Postalmstraße und einige kleinere Bergstrecken. Wichtig: Bei extremen winterlichen Straßenverhältnissen besteht Kettenpflicht. Über die Straßenlage informiert der ÖAMTC stündlich über die Sender Ö3, Radio Salzburg und Melody FM.

Mit dem Zug

Salzburg ist internationaler Eisenbahnknotenpunkt. Die Stadt liegt auf der Nord-Süd-Strecke von Deutschland über Italien in die Balkanländer und an der West-Ost-Verbindung von Frankreich über die Schweiz nach Ungarn. Die Fahrtzeit Frankfurt–Salzburg beträgt ca. fünf Stunden, von München im Eurocity ca. eineinhalb, von Zürich ca. sechs Stunden. Autoreisezüge verkehren von Düsseldorf-Hauptbahnhof, Köln-Deutz, Wien und Feldkirch nach Salzburg. Frühbucherrabatte helfen Reisekosten sparen.

Für die An- und Abreise über Nacht nach Salzburg empfiehlt sich die CityNightLine (Info: Tel. 0 18 05/ 21 34 21 bzw. www.citynightline.ch; Ticketkauf jetzt auch per SMS).

Mit dem Flugzeug

Der Lowcost-Carrier TUIFly verbindet die deutschen Städte Berlin (Tegel),

Düsseldorf, Hamburg, Hannover und Köln-Bonn mit der Mozartstadt. Buchungen unter www.TUIfly.com; Servicecenter Tel. 0 18 05/75 75 10 (0,14 €/Min. aus dem Festnetz der deutschen Telekom), 08 20/82 00 33 (0,14 €/Min. aus dem österreichischen Festnetz), 08 48/00 02 71 (nationaler Tarif Schweiz), erreichbar Mo–Fr 7.30–22.30 Uhr, Sa, So und Fei 10–19 Uhr.

Weitere Flüge führt AirBerlin von Berlin und Nürnberg durch. Info und Buchung unter www.airberlin.com; Tel. 01 80 5/73 78 00 (0,12 €/Min.). Hier fliegt auch AirBerlin-Partner Niki (www.flyniki.com).

Weitere Linienflüge von Deutschland nach Salzburg laufen alle über Frankfurt als Gemeinschaftsflüge von Austrian und Lufthansa. Von Zürich kommen die Cirrus Airlines in Kooperation mit Swiss. Der Flughafen von Salzburg (Salzburg W. A. Mozart) liegt etwa 6 km südwestlich der Stadt.

Die Innenstadt erreichen Sie von dort entweder mit dem Taxi (rund 12,50 €) oder mit dem Bus Linie 77 (alle 15 Minuten zum Hauptbahnhof, einfache Fahrt 1,80 €). Wer dennoch nicht auf den eigenen fahrbaren Untersatz verzichten will, kann direkt am Flughafen einen Leihwagen anmieten. Weitere Informationen dazu gibt die Salzburg-Informationsstelle am Flughafen unter Tel. 06 62/85 20 91 oder 85 12 11; www. salzburg-airport.com.

Auskunft
In Salzburg
Salzburg Information/ Salzburg Congress
···⟶ Umschlagkarte hinten, b 1
Auerspergstr. 6/7, 5020 Salzburg;
Tel. 06 62/88 98 70, Fax 8 89 87 32;
E-Mail: tourist@salzburg.info,
www.salzburg.info

Büros auch am
– Mozartplatz 5
···⟶ Umschlagkarte hinten, e 4
– Hauptbahnhof (Bahnsteig 10)
– Münchner Bundesstr. 1

Salzburger Land Tourismus GmbH
···⟶ S. 111, D 2
Postfach 1, 5300 Hallwang;
Tel. 06 62/6 68 80, Fax 66 88 66;
E-Mail: info@salzburgerland.com,
www.salzburgerland.com

Entfernungen (in km) zwischen wichtigen Orten im Salzburger Land:

	Abtenau	Bad Gastein	Krimml	Rauris	Salzburg	St. Gilgen	St. Johann	St. Michael im Lungau	Werfen	Zell am See
Abtenau	–	97	154	86	48	65	57	76	34	100
Bad Gastein	97	–	100	43	101	118	40	97	54	51
Krimml	154	100	–	80	167	180	97	154	110	58
Rauris	86	43	80	–	90	107	29	86	49	25
Salzburg	48	101	167	90	–	33	61	101	46	104
St. Gilgen	65	118	180	107	33	–	78	134	65	121
St. Johann	57	40	97	29	61	78	–	57	13	43
St. Michael im Lungau	76	97	154	86	101	134	57	–	70	100
Werfen	34	54	110	49	46	65	13	70	–	56
Zell am See	100	51	58	25	104	121	43	100	56	–

Im Salzburger Land
In allen Orten mit Fremdenverkehrsbüros – und die sind in Salzburg und im Salzburger Land zahlreich vorhanden – erhalten Sie Auskunft über die jeweilige Ortschaft bzw. über die betreffende Region.

In Deutschland
Österreich Werbung
Rotwandweg 4, 82024 Taufkirchen;
Tel. 0 89/66 67 10

In der Schweiz
Österreich Werbung
Zweierstr. 146, 8036 Zürich;
Tel. 044/4 51 15 51, Fax 4 51 11 80

Bauernherbst
Seit dem Jahr 1996 machen die Salzburger »mehr Lust aufs Land«. Insgesamt 80 Orte in allen Regionen, vom Alpenvorland bis in den Nationalpark Hohe Tauern, vom Lungau bis ins Salzkammergut, feiern von Ende August bis Ende Oktober den so genannten »Bauernherbst«. Auf Bauernmärkten und Bauernherbstfesten gewinnt man jede Woche in mehreren Orten Einblick in die traditionelle Kultur und das bäuerliche Leben. Die landwirtschaftlichen Produkte spiegeln das vielfältige Angebot der jeweiligen Region wider. Die Salzburger Bauern haben bei diesen Veranstaltungen die einmalige Gelegenheit, ihre Produkte, die sie gerade von den Feldern geerntet haben, direkt zu vermarkten. Darüber hinaus wird bäuerliches Handwerk vorgeführt und Kunsthandwerk angeboten.

Die heimischen Gasthäuser haben sich auch mit den herbstlichen Köstlichkeiten der Region bestückt: »Knofelkas«, »Bauerngeselchtes«, »Moosbeernudeln« und »Apfelradl« stehen auf den Speisekarten. Informationen zu den einzelnen Veranstaltungen bei Salzburger Land Tourismus GmbH (→ Auskunft, S. 101).

Camping
60 Campingplätze stehen im Bundesland Salzburg für jene Besucher zur Verfügung, die lieber im Grünen als im Hotelzimmer zu Hause sind. Allein die Stadt Salzburg besitzt fünf im Stadtbereich. Bei der Österreich Werbung oder bei der Salzburger Land Tourismus GmbH (→ Auskunft, S. 101) sind ausführliche kostenlose Verzeichnisse und weitere Informationen erhältlich.

Im Nationalpark Hohe Tauern (→ S. 64) kann großartige Natur genauso erlebt werden wie die Geschichte bäuerlichen Lebens in dieser Region.

Auskunft – Feiertage

BUCHTIPPS

Herbert Rosendorfer: Salzburg für Anfänger (dtv; ISBN 978-3-4231-3342-5). Der Autor führt kundige wie unkundige Leser kurzweilig an der Hand, informiert humorvoll und charmant über die Stadt und ihre Sehenswürdigkeiten. Ein ungewöhnlicher Führer durch Salzburg.

Martin Geck: Mozart. Eine Biographie (Rowohlt; ISBN 978-3-4996-1445-3). Auf faszinierende Weise erzählt Martin Geck die Lebensgeschichte des leidenschaftlichen Weltkinds und begnadeten Künstlers Wolfgang Amadeus Mozart. Der Musikwissenschaftler entwirft ein an Quellen und Selbstzeugnissen orientiertes, facettenreiches Porträt des komponierenden Genies. Eine mit leichter Hand geschriebene Biografie.

Adrian Seidelbast: Gebrauchsanweisung für Salzburg und das Salzburger Land (Piper; ISBN 978-3-4922-7548-4). Der Autor kennt sich aus und führt zu Weltberühmtem und Neuem: zu »Jedermann« vor dem Salzburger Dom, zum besungenen Wolfgangsee und und vielem mehr.

Salzburger Literaturen: Literarische Wege durch Stadt und Land Salzburg (edition eizenbergerhof; ISBN 978-3-9012-4321-9). 16 literarische Spaziergänge auf den Spuren von Schriftstellerinnen und Schriftstellern.

Außerdem ist zu Salzburg ein MERIAN-Heft im Handel erhältlich (ISBN 978-3-7742-6704-6).

DIPLOMATISCHE VERTRETUNGEN

In Deutschland
Österreichische Botschaft
Stauffenbergstr. 1, 10785 Berlin;
Tel. 0 30/20 28 70, Fax 2 29 05 69

In der Schweiz
Österreichische Botschaft
Kirchenfeldstr. 77/79, 3000 Bern;
Tel. 0 31/3 56 52 52

In Österreich
Honorarkonsulat der Bundesrepublik Deutschland
····→ Umschlagkarte hinten, b 4
Aribonenstr. 27, 5020 Salzburg;
Tel. 06 62/4 32 36 63 00, Fax 4 32 36 63 02

Schweizer Botschaft
Prinz-Eugen-Str. 7, 1030 Wien;
Tel. 02 22/79 50 50, Fax 7 95 05 21

Schweizerische Konsularagentur
····→ Umschlagkarte hinten, südöstl. f 6
Alpenstr. 85, 5020 Salzburg;
Tel. 06 62/62 25 30, Fax 62 35 81-30

FEIERTAGE

Banken, Büros und Geschäfte haben an folgenden Feiertagen geschlossen:
Neujahrstag
6. Jan. Dreikönigstag
Ostermontag
1. Mai Tag der Arbeit
Christi Himmelfahrt
Pfingstmontag
Fronleichnam
15. Aug. Mariä Himmelfahrt
26. Okt. Nationalfeiertag
1. Nov. Allerheiligen
8. Dez. Mariä Empfängnis
25. und 26. Dez. Weihnachten

Nebenkosten (in Euro)

☕	1 Tasse Kaffee	2,80
🍺	1 Bier	3,50
	1 Cola	2,50
🍞	1 Brot (ca. 500 g)	2,70
🚬	1 Schachtel Zigaretten	3,70
⛽	1 Liter Normalbenzin	1,22
🚌	Öffentl. Verkehrsmittel (Einzelfahrt)	1,80
🚗	Mietwagen/Tag	ab 60,00

Stand: März 2008

Geld

Seit dem 28. Februar 2002 wird auch in der Alpenrepublik nur noch mit Euro bezahlt. Bargeld bekommen Sie problemlos an den Geldautomaten (Bankomat). Das funktioniert mit der EC-Karte und häufig auch mit Kreditkarten. Die Banken sind in der Regel Mo–Fr 8–12 und 14–17.30 Uhr geöffnet.

Gastronomie- und Unterkunftsbetriebe sowie Geschäfte akzeptieren meist die gängigen Kreditkarten und natürlich die EC-Karte.

In Salzburg gibt es nach wie vor eine Reihe von Wechselstuben, die auch außerhalb der Öffnungszeiten für Kunden da sind. Zum Beispiel:

Bahnhof-Wechselstube
Südtiroler Platz 1; Mo–Fr 8.30–19, Sa 8.30–14 Uhr

Wechselstube Festungsbahn
Ostern/Pfingsten tgl. 11–17; Juli/Aug. Mo–Fr 10.30–12.45 sowie 13.30–18.45, Sa und So 11–17 Uhr

Internet

Die offizielle Homepage der Fremdenverkehrsbetriebe der Stadt Salzburg findet sich unter www.salzburginfo.at. Hier stellt sich die Stadt Salzburg als »Bühne der Welt« vor. Weiter geht es mit Links zu den Rubriken Kennenlernen, Hotels & Restaurants, Kultur & Veranstaltungen, Buchen & Kaufen und Info von A–Z. Hotelanfragen per Internet sind an **hotels@salzburginfo.at** zu richten.
Unter der Adresse **www.salzburg.com** finden Sie die Startseite, die in eine virtuelle Welt von Stadt und Land führt. Folgende Seiten lassen sich von hier aus mit einem Mausklick besuchen:
- Salzburger Nachrichten (globale Information)
- Stadt Salzburg (»Die schönste Stadt der Welt«)
- Salzburger Woche (regionale Information)
- Tourismus (alles rund um den Urlaub)
- Salzburger Land Tourismus (Urlaub im Salzburger Land)
- Marktplatz (Salzburg total)
- Salzburger Fenster (die Online-Ausgabe)
- Events (Veranstaltungen in Stadt und Land)

www.salzburgerland.com führt gleich direkt auf die Homepage der Salzburger Land Tourismus Gesellschaft. Und noch ein Tipp für alle, die das Süße gar nicht mehr erwarten können: Unter **www.mozartkugel.at** dreht sich alles um die leckere Kugel.

Jugendherbergen

Eine Alternative zu Hotels, Gasthöfen, Privatzimmern, Campingplätzen und Bauernhöfen bieten Jugendherbergen, von denen es 24 im Land Salzburg gibt, fünf davon in Salzburg Stadt. Gerade in der Hochsaison sind sie beliebte Ausweichquartiere. Es empfiehlt sich dann auch bei den Jugendherbergen eine Voranmeldung. Weitere Informationen:

ÖJHV-Salzburg
····≯ Umschlagkarte hinten, östl. f 5
Josef-Preis-Allee 18; 5020 Salzburg; Tel. 06 62/84 26 70; E-Mail: salzburg@jfgh.at
Weitere Jugendherbergen im Salzburger Land sind auf der Homepage des ÖJHV, des Österreichischen Jugendherbergsverbandes, zu finden: www.oejhv.or.at

Kartenvorverkaufsstellen

Polzer Kartenzentrale
····≯ Umschlagkarte hinten, d 4
Residenzplatz 3, Salzburg; Tel. 06 62/89 69, Fax 8 96 97 00; Mo–Fr 9–18, Sa 9–12.30 Uhr, Festspielzeit tgl. 9–20 Uhr; www.polzer.at

Salzburg Ticket Service GmbH
····≯ Umschlagkarte hinten, e 4
Mozartplatz 5, Salzburg; Tel. 06 62/84 03 10, Fax 84 24 76; Mo–Fr 9–18,

Sa 9–12 Uhr, Filiale Sa geschl., Filiale im Mozart-Wohnhaus, Theatergasse 2; www.salzburgticket.at

Kartenbüro Mirabell
⤑ Umschlagkarte hinten, C 1
Franz-Josef-Str. 9, Salzburg; Tel. 06 62/87 04 52, Fax 8 70 45 22; Mo–Fr 9–13 und 14–18, Sa 9.30–13 Uhr, Festspielzeit 9–19 Uhr

Ticket Shop
⤑ Umschlagkarte hinten, C 4
Getreidegasse 5, Salzburg; Tel. 06 62/84 77 67, Fax 84 97 69; Mo–Fr 9–18, Sa 10–13 Uhr, Festspielzeit tgl. 9–19 Uhr

MEDIZINISCHE VERSORGUNG
Sicher ist sicher: Besorgen Sie sich vor Reiseantritt bei Ihrer Krankenkasse neben dem Auslandskrankenschein auch das Merkheft mit den Adressen der Kassenärzte in Österreich, da nicht alle Ärzte und Krankenhäuser auf Auslandskrankenschein behandeln.

In Salzburg befindet sich der **Ärztebereitschaftsdienst**, der ab Fr 19 Uhr bis Mo 7 Uhr sowie an Feiertagen im Einsatz ist, in der Paris-London-Str. 8 a; Tel. 1 41.

Öffnungszeiten der Apotheken:
Mo–Fr 8–12.30 Uhr und 14.30–18, Sa 8–12 Uhr. Außerhalb dieser Geschäftszeiten leisten Apotheken im Wechsel Mittags-, Nacht- oder Wochenenddienst. Infos über die Dienst habende Stelle sind an jeder Apotheke angeschlagen.

NOTRUF
Ärztebereitschaftsdienst 1 41
Bergrettung 1 40
Feuerwehr 1 22
Polizei 1 33
Rotes Kreuz (»Rettung«) 1 44
Pannenhilfe (ÖAMTC) 1 20

POLITIK
Salzburg ist die Hauptstadt des Bundeslandes Salzburg, eines der neun Bundesländer der Republik Öster-

Eine Steilwand ist für alle Freunde des Klettersports ein Erlebnis.

reich. Jedes Bundesland hat Hoheitsrechte der Landesverwaltung und der Landesgesetzgebung. Alle fünf Jahre wird von der Landesbevölkerung der Landtag gewählt. Der Landeshauptmann ist Vorsitzender der Landesregierung. Traditionsgemäß erreicht die Österreichische Volkspartei (ÖVP) bei Landtagswahlen das beste Ergebnis, wenngleich sie in jüngerer Zeit auch etliche Einbußen in Kauf nehmen musste. Der Sozialdemokratischen Partei (SPÖ) geht es aber auch nicht wesentlich besser.

Im Jahr 2000 hat die Gründung einer Koalition der Österreichischen Volkspartei (ÖVP) mit der rechtsgerichteten Freiheitlichen Partei Österreichs (FPÖ) Jörg Haiders auf Bundesebene internationale Proteste zur Folge. Die EU beschließt, Österreich auf bilateraler Ebene politisch zu isolieren. Auch der Rücktritt Haiders vom Parteivorsitz kann die Lage nicht entspannen.

Das Bundesland Salzburg gliedert sich in sechs Bezirke und eine

Stadt mit eigenem Statut: Stadt Salzburg, Salzburg-Umgebung, Flachgau, Tennengau, Pinzgau, Pongau und Lungau.

Die einzelnen Bezirke sind nach Ortsgemeinden unterteilt, die eigene Gemeindeverwaltungen besitzen. Neben den 119 Ortsgemeinden Salzburgs existieren weitere 30 Marktgemeinden und die vier Stadtgemeinden Salzburg, Hallein, Radstadt und Zell am See.

Post
Postämter sind Mo–Fr 8–12 und 14–18 Uhr geöffnet. Kassenschluss ist um 17 Uhr. Das Salzburger Bahnhofspostamt am Südtiroler Platz ist tgl. rund um die Uhr offen (nicht alle Dienste!). Standardbriefe und Postkarten werden mit 0,55 € frankiert. Das gilt sowohl im innerösterreichischen Postverkehr als auch nach Deutschland und in die Schweiz.

Reisedokumente
Bei Einreise nach Österreich müssen Bürger der Bundesrepublik Deutschland und der Schweiz einen gültigen Personalausweis mitführen. Kinder benötigen einen Kinderausweis oder müssen im Reisepass der Eltern eingetragen sein.

Reisewetter
Wie Deutschland und die Schweiz hat auch Salzburg ein mitteleuropäisches Klima, das sich durch den Kontrast Beckenlandschaft/Gebirgslandschaft regional noch einmal unterscheidet. So ist es am Alpennordrand feuchtkühl, da atlantische West- und Nordwestwinde zu fast allen Jahreszeiten feuchte Luftmassen mit sich führen. Diese stauen sich am Gebirgsrand, kühlen sich ab und gehen als Schnee oder Regen nieder. Die Alpengebiete sind durch relativ kühle Sommer und lange Winter mit viel Schnee geprägt. Der Lungau im Südosten des Landes wird durch sein Hochplateau, das von Gebirgen eingerahmt ist, von einem kontinentalen Klima bestimmt. Kalte Winter und kurze Sommer mit sehr viel Sonne während des ganzen Jahres sind die Folge. Mariapfarr gilt als

In den Hohen Tauern trifft man mit viel Glück auf das seltene Alpenmurmeltier.

der sonnenreichste Ort in Österreich. Die beste Reisezeit für Salzburg und das Salzburger Land sind demnach die Monate Juni, Juli und August. Mai und September eignen sich besonders für Bergwanderer, da in der Regel in dieser Zeit ein beständiges und freundliches Wetter vorherrscht.

Salzburg Card
Sie gewährt kostenlosen, einmaligen Eintritt in alle Sehenswürdigkeiten der Stadt, freie Fahrt mit den öffentlichen Verkehrsmitteln, mit der Festungsbahn und dem Salzach-Schiff. Daneben gibt es eine Reihe von Ermäßigungen. Alle Leistungen werden von einer Chipkarte oder einer Uhr, der »Swatch-Access«, bargeldlos abgebucht. Sie kostet 44 €. Die »Salzburg Card« bekommt man an der Rezeption der Hotels und bei allen Informationsstellen der Stadt. Sie gibt es für 24 Stunden zu 21 € (Kinder 10,50 €), 48 Stunden zu 29 € (14,50 €) und 72 Stunden zu 34 € (17 €). Zwischen dem 1. Juni und dem 30. Sept. jeweils 3 € (1,50 €) mehr.

Info: Tel. 06 62/8 89 87-4 54; E-Mail: cards@salzburg.info

Salzburger Land Card
Freien Eintritt zu über 180 Sehenswürdigkeiten und Attraktionen in Stadt und Land Salzburg bietet die »Salzburger Land Card«. Die 6-Tageskarte kostet für Erwachsene 39 €, für Kinder von 6 bis 15 Jahren 19,50 €, die 12-Tageskarte 49 €, 24,50 € für Kinder. Gültig von Mai bis Oktober.

Besonders attraktiv ist die Card für Familien, denn ab dem dritten Kind und für alle weiteren ist die All-Inclusive-Card kostenlos, und Kinder unter sechs Jahren haben bei allen Salzburger-Land-Card-Partnern ohnehin freien Eintritt. Abwechslung bietet ein Tag in der Stadt Salzburg: Festung, Mozarts Geburtshaus, Residenz, die Wasserspiele von Hellbrunn und vieles mehr – auch das ist für 24 Stunden in der »Salzburger Land Card« integriert.

Info: Tel. 06 62/66 88 44, Fax 66 88 66; E-Mail: info@salzburgerland.com, www.salzburgerlandcard.com

Telefon
Telefonieren kann man genauso wie in Deutschland oder in der Schweiz vom Postamt bzw. von öffentlichen Telefonzellen aus. Auch in Österreich sind die Kartentelefone auf dem Vormarsch. Telefonkarten gibt es in jedem Postamt.

Bei älteren Münztelefonen müssen Sie die Gesprächstaste drücken, sobald sich der Teilnehmer meldet, sonst wird die Verbindung direkt unterbrochen!

Mobil telefonieren ist problemlos möglich. Die Handys schalten sich ins österreichische Netz ein. Die Versorgung ist selbst in den Bergregionen meist gewährleistet, was im Notfall sogar lebensrettend sein kann. Die Telefonauskunft erreichen Sie unter 1 18 11.

Vorwahlen
D, CH → A 00 43
A → D 00 49
A → CH 00 41

Trinkgeld
Ein Trinkgeld von 10 % der Rechnungssumme ist bei Taxifahrten, in Hotels, in Restaurants, im Café, beim Friseur und ähnlichen Dienstleistungen üblich.

Verkehrsverbindungen
Auto
Das Salzburger Land verfügt über ein gut ausgebautes Straßennetz. Die Hauptrouten nach Süden (»Tauernautobahn«) und nach Westen (»Westautobahn«) sind gut ausgebaut, ersticken dennoch immer wieder im Verkehr. Besonders in der Urlaubszeit und an schönen Wochenenden kommt es zu Staus, vor allem rund

um die Stadt Salzburg und in Grenznähe. Die Salzburger Innenstadt hat nur wenige Parkplätze. Stellen Sie Ihr Auto auf einem der großen Parkplätze am Stadtrand ab. Diese Park & Ride-Plätze liegen an der Alpenstraße (Busstation 51 und 95) und beim Salzburger Ausstellungszentrum (SAZ).

Fahrräder
Viele Ausflugsziele sind mit dem Fahrrad ideal zu erreichen. Allerdings gibt es nicht überall separate Fahrradwege. In praktisch jedem größeren Ort verleihen die Sportgeschäfte Fahrräder. In Salzburg können Sie Räder am Hauptbahnhof, Top Bike (www.topbike.at), mieten – und im Sommer (April–Sept./Okt.) bei VELOactiv (Tel. 06 62/43 55 95) auf dem Residenzplatz.

Leihwagen
Die bekannten europäischen Mietwagen-Firmen bieten zumindest in den größeren Orten und natürlich am Flughafen in Salzburg Leihwagen an. Fragen Sie nach Sonderkonditionen (zum Beispiel Weekend-Specials).

Öffentliche Verkehrsmittel
Die städtischen Busse sind in Salzburg Stadt das einzige öffentliche Verkehrsmittel. Sie erreichen damit problemlos alle wichtigen Punkte in der City. Einzelfahrten kosten 1,80 €, im Vorverkauf 1,60 €. Das 24-Stunden-Ticket gibt es für 4,20 €. Wenn Sie länger bleiben, macht sich eine Wochenkarte bezahlt. Dafür benötigen Sie jedoch ein Passfoto. Freie Fahrt mit allen öffentlichen Verkehrsmitteln (ausgenommen Linie 80), Eintritt zu allen Sehenswürdigkeiten der Stadt und diverse Preisnachlässe haben Sie mit der »Salzburg Card«.

Taxis
Die Salzburger Funktaxi-Vereinigung erreichen Sie über Tel. 81 11. Auskünfte und Vorbestellungen unter Tel. 87 44 00. Die wichtigsten Taxistandplätze in der Innenstadt sind: Hanuschplatz, Residenzplatz, Rudolfsplatz, Café Tomaselli, Mönchsberg-Aufzug, Bahnhof, Hofwirt, Makartplatz, Unfallkrankenhaus, Sheraton Hotel (www.taxi8111.at).

Wirtschaft
Der Anteil der forst- und landwirtschaftlichen Nutzfläche ist mit 46 % im weltweiten Vergleich relativ hoch; dennoch verdienen nur knapp acht Prozent der Erwerbstätigen ihren Lebensunterhalt im Agrarsektor. Ein Drittel der Salzburger ist in der Industrie, im Gewerbe und in der Elektrizitätswirtschaft beschäftigt. Das Gros – mit über 60 % – ist im Dienstleistungssektor und im Handel tätig.

Zeitungen und Zeitschriften
Die Presselandschaft Salzburgs wird von den Tageszeitungen »Salzburger Nachrichten« und von der »Salzburger Volkszeitung« bestimmt. Den »Salzburger Nachrichten« liegen Regionalteile bei. Als überregionale Blätter sind »Standard«, »Kurier« und »Die Presse« erhältlich. Die »Salzburger Krone« erscheint als Regionalausgabe der Wiener »Neuen-Krone-Zeitung«.

Zoll
Österreich ist seit 1995 Mitglied der Europäischen Union. Als abgabefreie Richtmengen pro Person bei Ein- und Ausfuhr gelten für EU-Bürger: 800 Zigaretten, 1 kg Tabak, 10 l Spirituosen, 20 l Likörwein, 90 l Wein bzw. 60 l Schaumwein, 100 l Bier.

Andere Regeln gelten dagegen noch für Bürger der Schweiz. Personen über 17 Jahre dürfen bei ihrer Einreise nach Österreich zollfrei folgende Waren mit sich führen: 200 Zigaretten (oder 50 Zigarren oder 250 g Tabak), 2 l alkoholische Getränke unter 22 Vol. % oder 1 l Spirituosen über 22 Vol. %. Weitere Auskünfte erhalten Sie unter www.zoll.de, www.bmf.gv.at/zoll und www.zoll.ch.

Kartenatlas

Orientierung leicht gemacht: mit Planquadraten und allen Orten und Sehenswürdigkeiten.

Legende

Routen und Touren
- Wandern auf dem Arnoweg (S. 90)
- Unterwegs durch das Salzburger Seenland (S. 91)
- Zum Gipfel des Hochkönig (S. 92)

Sehenswürdigkeiten
- MERIAN-TopTen
- MERIAN-Tipp
- Sehenswürdigkeit, öffentl. Gebäude
- Sehenswürdigkeit Kultur
- Sehenswürdigkeit Natur
- Kirche; Kloster
- Schloss, Burg
- Museum
- Denkmal

Verkehr
- Autobahn
- Autobahnähnliche Straße
- Fernverkehrsstraße
- Hauptstraße
- Nebenstraße
- Unbefestigte Straße, Weg
- Fußgängerzone
- Parkplatz
- Flughafen
- Seilbahn
- Zahnradbahn

Sonstiges
- Information
- Theater
- Hütte
- National-, Naturparkgrenze

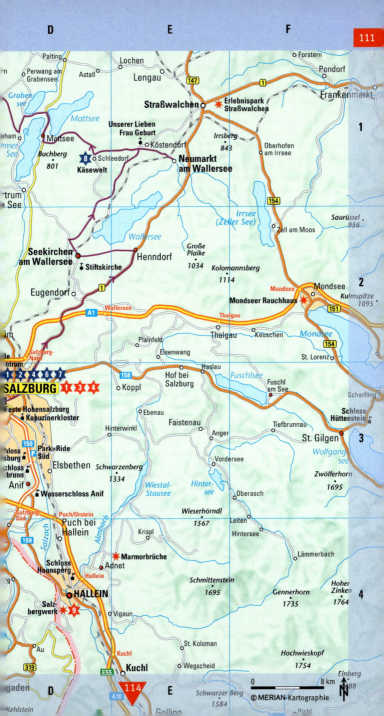

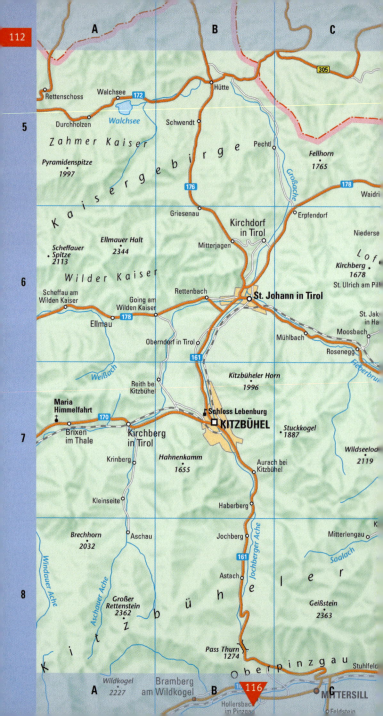

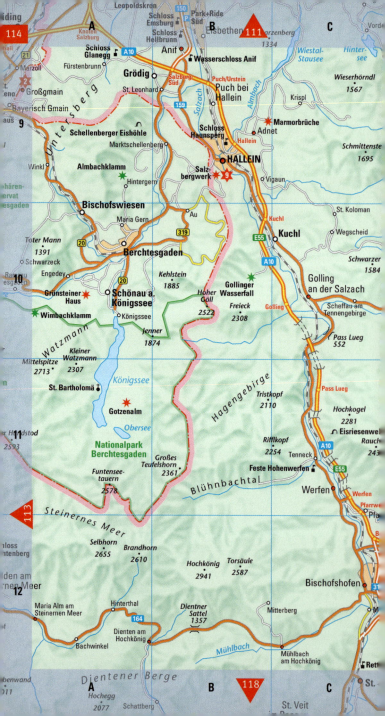

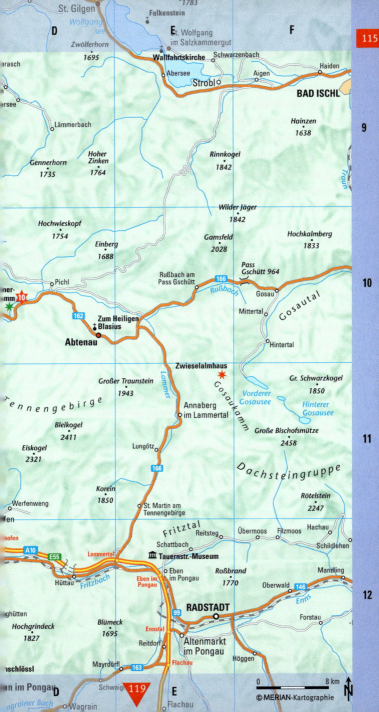

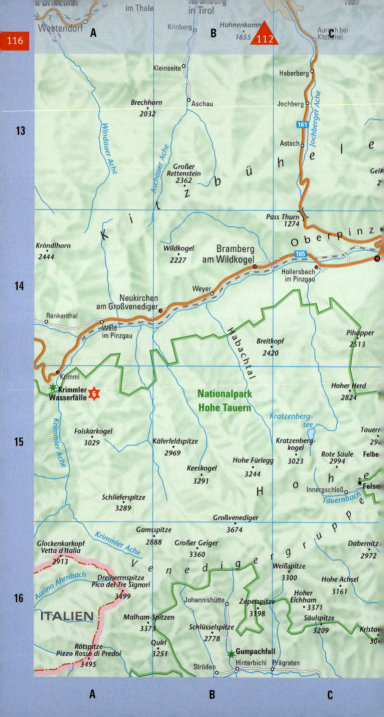

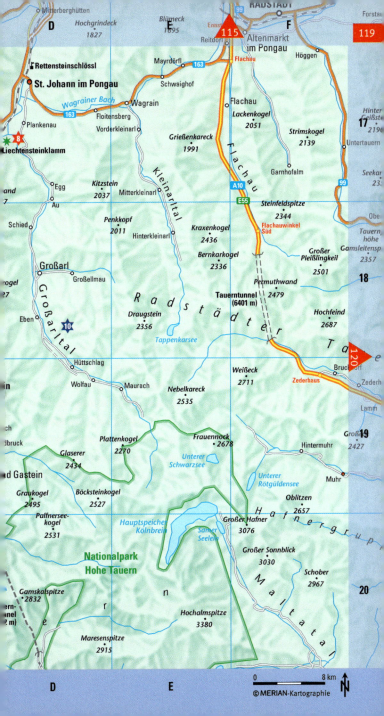

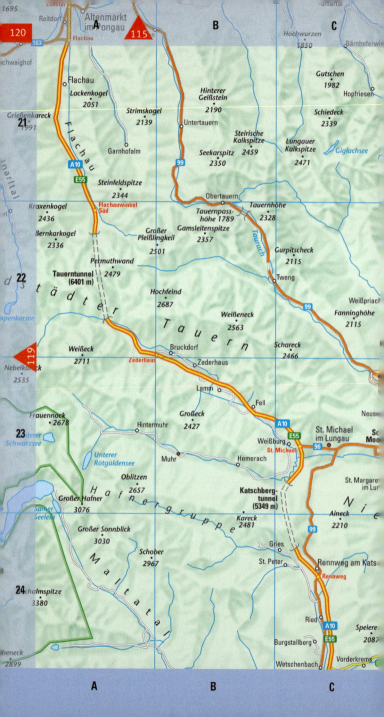

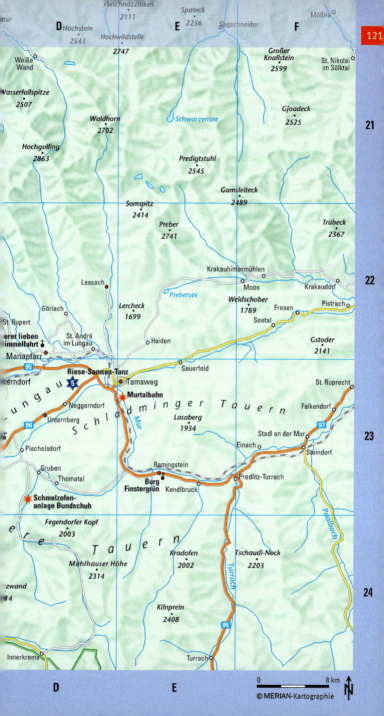

Kartenregister

A
Abersee 115, E9
Abtenau 115, D10
Adigaß 110, A3
Adnet 111, D4
Aichhorn 118, A20
Aigen 115, F9
Altenmarkt im Pongau 115, E12
Amerthal 117, D14
Anger 110, B3
Anger 111, E3
Anif 111, D3
Annaberg im Lammertal 115, E11
Antenbichl 113, F5
Anthering 111, C2
Apriach 118, A20
Aschau 112, A8
Astach 112, B8
Astall 111, D1
Au 111, D4
Au 119, D17
Aufham 110, B3
Aurach bei Kitzbühel 112, B7

B
Bachwinkel 114, A12
Bad Fusch 118, A18
Bad Gastein 118, C19
Bad Hofgastein 118, C19
Bad Ischl 115, F9
Bad Reichenhall 110, B4
Badbruck 119, D19
Bayerisch Gmain 110, B4
Berchtesgaden 114, A10
Bergheim 110, C2
Berndorf bei Salzburg 111, D1
Bischofshofen 114, C12
Bischofswiesen 110, C4
Böckstein 118, C20
Bramberg am Wildkogel 116, B14
Brandlhof 113, F6
Brixen im Thale 112, A7
Bruck 113, F8
Bruckdorf 119, F19
Bucheben 118, B19
Burgstallberg 120, C24
Burmoos 110, B1

D
Dienten 118, B17
Dienten am Hochkönig 114, A12
Dorfgastein 118, C18
Dorlbeuern 110, C1
Durchholzen 112, A5

E
Eben 119, D18
Eben im Pongau 115, E12
Ebenau 111, E3
Egg 119, D17
Eham 110, C2
Einach 121, E23
Ellmau 112, A6
Elsbethen 111, D3
Elsenwang 111, E2
Embach 118, B17
Engedey 114, A10
Enzinger Boden 117, E15
Erlberg 113, F8
Erpfendorf 112, C6
Eugendorf 111, D2

F
Faistenau 111, E3
Falkendorf 121, F23
Feldstein 116, C14
Fell 120, B23
Ferleiten 117, F15
Fieberbrunn 112, C7
Filzmoos 115, F12
Flachau 119, E17
Floitensberg 119, D17
Forstau 115, F12
Forstern 111, F1
Freilassing 110, C2
Fresen 121, F22
Fridolfing 110, B1
Fürstenbrunn 110, C3
Fürth 113, E8
Fusch 117, F14
Fuschl am See 111, F3

G
Gamsblick 116, C15
Garnhofalm 119, F17
Geisenfelden 110, B1
Gerling 113, F7
Glanz 117, D16
Göriach 121, D22
Going am Wilden Kaiser 112, B6
Goldegg 118, C17
Golling an der Salzach 114, C10
Gosau 115, F10
Gries 113, F8
Gries 120, C24
Griesenau 112, B6
Grödig 111, D3
Großarl 119, D18
Großellmau 119, D18
Großmain 110, B4
Gruben 117, D16
Gruben 121, D23

H
Haberberg 112, B7
Hachau 115, F12
Haiden 115, F9
Haiden 121, E22
Hallein 111, D4
Hammer 110, A3
Harbach 118, C18
Hartham 113, F7
Hartl 113, D7
Haslau 111, E3
Hemerach 120, B23
Henndorf 111, E2
Hintenmuhr 119, F19
Hinterbichl 116, B16
Hinterkleinarl 119, E18
Hintersee 111, F4
Hintersee 113, F5
Hintertal 113, E6
Hintertal 115, F10
Hinterthal 114, A12
Hinterwinkl 111, D3
Hochfilzen 113, D7
Hochmaiß 117, F15
Höggen 115, F12
Högl 110, B3
Höglwörth 110, B3
Hof 113, F7
Hofe bei Salzburg 111, E3
Hollersbach im Pinzgau 116, C14
Hopfriesen 120, C21

Hü
Hüttau 115, D12
Hütte 112, B5
Hütten 113, E7
Hüttschlag 119, D19
Hundsdorf 118, B17
Hundsdorf 118, B18

I
Igelsberg 113, E7
Innergschloß 116, C15
Innerkrems 121, D24
Inzell 110, A3

J
Jochberg 110, A4
Jochberg 112, B8
Johannishütte 116, B16

K
Kals am Großglockner 117, E16
Kaprun 117, F14
Karlstein 110, B4
Kendlbruck 121, E23
Keuschen 111, F2
Kirchanschöring 110, B1
Kirchberg 110, B4
Kirchberg in Tirol 112, A7
Kirchdorf in Tirol 112, B6
Kitzbühel 112, B7
Kleinarl 119, E17
Kleinseite 112, A7
Knappenfeld 110, A2
Köhlbichl 117, D14
Königssee 114, A10
Köstendorf 111, E1
Kolling 113, D8
Kolm-Saigurn 118, B20
Koppl 111, E3
Krakaudorf 121, F22
Krakauhintermühlen 121, F22
Krimml 116, A15
Krinberg 112, A7
Krispl 111, E4
Kuchl 111, E4
Kuranlage 110, B4

L
Lamm 120, B23
Lammerbach 111, F4
Lamprechtshausen 110, C1
Laufen 110, B1
Lechnerhäusl 118, B19
Leiten 111, F3
Lend 118, B17
Lengau 111, E1
Lenzing 113, F7
Leobendorf 110, B2
Leogang 113, E7
Lessach 121, D22
Lochen 111, E1
Lofer 113, E5
Lucknerhaus 117, F16
Lungötz 115, E11

M
Mairalm 117, E16
Maishofen 113, F8
Mandling 115, F12
Maria Alm am Steinernen Meer 114, A12
Mariapfarr 121, D22
Marktschellenberg 111, D4

Marzoll 110, B3
Mattsee 111, D1
Mauerriedl 110, A3
Maurach 119, E19
Mauterndorf 120, C23
Mayrdörfl 115, E12
Melleck 110, A4
Michaelbeuern 110, C1
Mitterberg 114, B12
Mitterberghütten 114, C12
Mitterjagen 112, B6
Mitterlengau 112, C8
Mittersill 116, C14
Mittertal 115, F10
Mondsee 111, F2
Moos 121, F22
Moosbach 112, C6
Mühlbach 112, C6
Mühlbach am Hochkönig 114, C12
Muhr 119, F19

N
Neggerndorf 121, D23
Neues 117, E16
Neukirchen am Großvenediger 116, B14
Neukirchen am Teisenberg 110, A3
Neumarkt am Wallersee 111, E1
Neuseß 120, C23
Niederalm 110, A4
Niedersill 113, D8
Niedersee 112, C6
Nußdorf am Haunsberg 110, C1

O
Oberasch 111, F3
Obergerm 110, C4
Oberhofen am Irrsee 111, F1
Oberjettenberg 110, B4
Oberlaederding 118, C18
Oberndorf bei Salzburg 110, C1
Oberndorf in Tirol 112, B6
Oberreit 113, F8
Oberschachnern 118, A20
Obertauern 120, B22
Oberteisendorf 110, A2
Obertrum am See 111, D1
Oberwald 115, F12

P
Palting 111, D1
Pechtl 112, B5
Perwang am Grabensee 111, D1
Petting 110, A2
Pfarrwerfen 114, C11
Pichl 115, D10
Piesendorf 113, E8
Pietling 110, A1
Pischelsdorf 121, D23
Pistrach 121, F22
Plainfeld 111, E2
Plankenau 119, D17
Pockharn 118, A20
Pondorf 111, F1
Prägraten 116, C16
Predlitz-Turrach 121, F23
Prielau 113, F8
Puch bei Hallein 111, D4

R
Radstadt 115, E12
Ramingstein 121, E23
Ramsau bei Berchtesgaden 113, F5
Raneberg 117, D16
Rankenthal 116, A14
Rauris 118, B18
Reitdorf 115, E12
Reith bei Kitzbühel 112, B7
Reitsteg 115, E12
Remsach 118, C19
Rennweg am Katschberg 120, C24
Rettenbach 112, B6
Rettenschoss 112, A5
Ried 120, C24
Rosenegg 112, C6
Rosental 113, E7
Roßbach 118, A20
Rußbach am Pass Gschütt 115, E10

S
Saalbach-Hinterglemm 113, D7
Saaldorf 110, B2
Saalfelden am Steinernen Meer 113, F7
Salzburg 111, D3
Sauerfeld 121, E23
Schattbach 115, E12
Schattberg 118, B17
Scheffau am Tennengebirge 114, C10
Scheffau am Wilden Kaiser 112, A6
Schied 119, D18
Schildlehen 115, F12
Schleedorf 111, E1
Schmitten 113, E8
Schneiderau 117, E15
Schneizlreuth 110, A4
Schönau am Königssee 114, A10
Schüttdorf 113, F8
Schwaighof 119, E17
Schwarzach im Pongau 118, C17
Schwarzeck 113, F5
Schwarzenbach 115, E9
Schwendt 112, B5
Seeham 111, D1
Seekirchen am Wallersee 111, D2
Seetal 121, F22
Sportgastein 118, C20
St. Andrä im Lungau 121, D22
St. Georgen 110, B1
St. Gilgen 111, F3
St. Jakob in Haus 112, C6
St. Johann im Pongau 119, C17
St. Johann in Tirol 112, B6
St. Koloman 111, E4
St. Leonhard 111, D4
St. Leonhard in Wonneberg 110, A2
St. Lorenz 111, F2
St. Margarethen im Lungau 120, C23
St. Martin am Tennengebirge 115, E11
St. Martin bei Lofer 113, E6
St. Michael im Lungau 120, C23
St. Nikolai im Sölktal 121, F21
St. Pantaleon 110, B1
St. Peter 120, C24
St. Rupert 121, D22
St. Ruprecht 121, F23
St. Ulrich am Pillersee 113, D6
St. Veit im Pongau 118, C17
Stadl an der Mur 121, F23
Steinbrünning 110, B2
Steindorf 121, F23
Steinhögl 110, B3
Strabwalchen 111, E1
Straß 113, D6
Strobl 115, E9
Ströden 115, B16
Strub 113, D5
Stuhlfelden 112, C8
Surheim 110, C2

T
Taching am See 110, A1
Tamsweg 121, E23
Taxenbach 118, B17
Teisendorf 110, A2
Tengling 110, A1
Tenneck 114, C11
Thalgau 111, E2
Thomatal 121, D23
Thumersberg 113, F8
Tiefbrunnau 111, F3
Törring 110, A1
Triebenbach 110, C2
Turrach 121, E24
Tweng 120, B22

U
Übermoos 115, F12
Unken 113, E5
Unterjetternberg 110, B4
Unternberg 121, D23
Untertauern 119, F17
Unterwasser 113, D5
Uttendorf 113, D8

V
Viehhofen 113, E8
Vigaun 111, E4
Vorderkleinarl 119, E17
Vorderkrems 120, C24
Vordersee 111, E3

W
Wagenau 110, A3
Waging am See 110, A2
Waidring 112, C5
Walchsee 112, A5
Wald im Pinzgau 116, A14
Wals-Siezenheim 110, C3
Warming 113, D6
Wegscheid 111, E4
Weildorf 110, B2
Weißbach an der Alpenstraße 110, A4
Weißbach bei Lofer 113, E6
Weißburg 120, C23
Weiße Wand 121, D21
Weißpriach 120, C22
Weng 118, C17
Werfen 114, C11
Werfenweng 115, D11
Wetschenbach 120, C24
Weyer 116, B14
Wiedrechtshausen 117, D14
Wiesing 113, F7
Winkl 110, C4
Wörth 118, B18
Wolfau 119, D19

Z
Zederhaus 120, B23
Zell am Moos 111, F2
Zorn 113, F8

Orts- und Sachregister

Hier finden Sie alphabetisch aufgeführt alle in diesem Band beschriebenen Orte und Ziele, Routen und Touren. Bei einzelnen Sehenswürdigkeiten steht jeweils der dazugehörige Ort in Klammern, bei Hotels steht zusätzlich die Abkürzung H für Hotel. Außerdem enthält das Register wichtige Stichworte sowie sämtliche MERIAN-Tipps und MERIAN-TopTen dieses Reiseführers. Wird ein Begriff mehrfach aufgeführt, verweist die **fett** gedruckte Zahl auf die Hauptnennung, eine *kursive* Zahl verweist auf ein Foto.

A

Abtenau *82*, 84
Adnet 85
Alpen Therme Gastein 78
Alter Markt 38, **39**
Anreise 100
Auerhahn (R, Salzburg) 47
Augustiner Bräu, Müllner Bräustübl (R, Salzburg) 48
Auskunft 101

B

Bad Gastein 77
Bad Hofgastein 78
Bergsteigen 29
Bischofshofen 78
Blaue Gans, »artHotel« (H, Salzburg) 37
Blick von der Festung Hohensalzburg (MERIAN-TopTen) 40
Bramberg 65

Bräustüberl (St. Johann im Pongau) 77
Buchtipps 103
Burg Hohenwerfen 76
Burg Finstergrün 61
Burg Mauterndorf 61
Burg Wartenfels 90

C

Café Bazar 38
Café Glockenspiel (R, Salzburg) 36
Café Tomaselli (MERIAN-TopTen) **49**, 99
Camping 102
Chiemsee (H, Salzburg) 37

D

Der Wastlwirt 62
Die Weiße & Sudwerk Bar (R, Salzburg) 48
Dienten *4/5*, 79
Diplomatische Vertretungen 103
Dom 39
Domgrabungsmuseum 46
Dommuseum zu Salzburg 46
Domplatz 38, **39**
Dorfgastein *78*
Dr.-Heinrich-Hackel-Hütte (H, Filzmoos) 81
Drachenfliegen 29

E

Ebner's Waldhof (R, Fuschl am See) 55
Einkaufen 20
Eisriesenwelt (MERIAN-TopTen) 79
Embach 66
Entfernungen 101
Entrische Kirche 79
Erzabtei St. Peter 40
Essdolmetscher 98

F

Falknereimuseum 81
Fallschirmspringen 29
Familientipps 32
Felberturm Museum 69
Festspielhaus 40
Festspielhäuser 38
Festung Hohensalzburg 38, **40**
Festungsbahn 42
Fiaker *10*, 38
Franziskanerkirche 38
Franziskanerkirche 42
Freilichtmuseum Großgmain (MERIAN-TopTen) 33
Fürstenhof (H, Golling) 86
Fuschl am See 55

G

Galerie 5020 46
Gasthof Andrelwirt (R, Rauris) 70
Gasthof Caspar Moser Bräu (R, Henndorf am Wallersee) 56
Gasthof Sternbräu (R, Salzburg) *12*
Genießerhotel Döllerer (R, Golling) 87
Getreidegasse 38, 43, *94*
Goldegg 79
Goldener Hirsch (H, Salzburg) *14*, 37
Goldwaschen in Rauris 33
Golf 29
Golling 86
Grand Hotel (H, Zell am See) 71
Grand Park Hotel (H, Bad Hofgastein) 78
Großglockner *64*, 66, *88*
Großglockner Hochalpenstraße (MERIAN-TopTen) 66

Orts- und Sachregister 125

Grünmarkt
 (MERIAN-Tipp) 22

H
Hagenauer Haus 54
Hallein 6, 83
Halleinerhaus
 (H, Adnet) 85
Hangar-7 (R, Salzburg)
 48
Haus der Natur 33, 46
Hauslwirt (H, Golling) 86
Heimathaus und
 Skimuseum 74
Heimatmuseum
 Arlerhof 82
Heimatmuseum
 Wilhelmgut 65
Henndorf am Wallersee
 56
Hochkönig 92
Hollersbach 66
Hotel Kirchner
 (H, Bramberg) 65
Hotel Sacher
 (H, MERIAN-Tipp) 15
Hotel Restaurant
 Seehof (R, Seehof)
 80
Hotel Schloss Fuschl
 (H, Fuschl am See) 55
Hundsmarktmühle 57

I/J
Internet 104
Johanna Schaustollen
 und Museum in
 Mühlbach 80
Jugendherbergen 104

K
Kaprun 66
Kapuzinerberg 43
Käsewelt
 (MERIAN-Tipp) 57
Keltenfreilichtschau
 Dürrnberg 84
Keltenmuseum 84
Kindererlebnispark
 Straßwalchen 33

Kirchenwirt
 (R, Saalfelden) 73
Kößlerhäusl
 (Denkmalhof) 80
Kraftwerk (Kaprun) 68
Krimml 68
Krimmler Tauernhaus
 (H, Krimml) 68
Krimmler Wasserfälle
 (MERIAN-TopTen) 68
Kur- und Sporthotel
 Sonnhof (H, St. Jo-
 hann im Pongau) 77
Kurhotel Vollererhof
 (H, Puch) 83

L
Lammerklamm
 (MERIAN-TopTen) 87
Lammertal 87
Lamprechtsofenhöhle
 73
Landhotel Schafhuber
 (H, Maria Alm am
 Steinernen Meer) 74
Laufen 29
Leogang 74
Liechtensteinklamm
 (MERIAN-TopTen) 80
Linzer Gasse 38
Löckerwirt
 (R, St. Margarethen)
 62
Lungau 27, 60
Lungauer Heimatmu-
 seum 63

M
Maria Alm am
 Steinernen Meer 74
Mariapfarr 62
Mattsee 57
Mauterndorf 61
Medizinische
 Versorgung 105
Meilinger Taverne
 (H, Mittersill) 69
Mesnerhaus
 (R, Mauterndorf) 61
Michaelbeuern 57

Mirabellgarten 38, 43
Mittersill 69
Moisl (H, Abtenau) 85
Mozart
 (MERIAN-Spezial) 52
Mozart Ton- und
 Filmmuseum 46
Mozarteum 43
Mozart-Museum 38
Mozartplatz 36, 38, 43
Mozart-Radweg
 (MERIAN-Tipp) 58
Mozarts Geburtshaus
 43, 52
Mozart-Wohnhaus 44
Mühlbach 80
Muhr 60
Murtalbahn 62
Museum Burg Golling
 87
Museum der Moderne
 Salzburg 47

N
Nationalpark Hohe
 Tauern 8, 64, 102
Neukirchen 69
Nordic Walking 29

O/P
Oberndorf 57
Panoramaschiff
 (MERIAN-Tipp) 46
Paragliding 29
Pension Adlerhof
 (H, Salzburg) 38
Pension Laßhofer
 (H, Mauterndorf) 61
Perfellers Chinesen-
 stadt 70
Petersfriedhof 38
Pferdeschwemme
 38, 44
Piesendorf 70
Pinzgauer
 Heimatmuseum 73
Pinzgauer Saalachtal
 72
Pongau 76
Post 106

Orts- und Sachregister

R
Rad fahren 30
Rauchhaus »Mühlgrub« 58
Rauris 70
Rauriser Talmuseum 70
Reisedokumente 106
Reisewetter 106
Reiten 30
Residenz 44
Residenzgalerie 47
Residenzplatz 38, **44**
Riese Samson tanzt im Lungau (MERIAN-Tipp) 27
Riverrafting 30

S
Saalbach-Hinterglemm *28, 72*, 74
Saalfelden 73
Salzbergwerk Hallein/Bad Dürrnberg (MERIAN-TopTen) 84
Salzburg *10, 12/13, 20, 22, 23, 24,* **37**
Salzburg Card 107
Salzburger Dolomitenstraße 87
Salzburger Festspiele (MERIAN-TopTen) 25
Salzburger Land Card 107
Salzburger Nockerln (MERIAN-Tipp) *16,* 18
»Salzburger Panorama« (MERIAN-Tipp) 11
Salzburger Seenland 54, 91
Salzkammergut 54
Schatzbichl (R, Saalfelden) 73
Schaubergwerk Hochfeld-Knappenweg Untersulzbachtal 69
Schloss Hellbrunn 51
Schloss Klessheim 51
Schloss Mirabell 38, **44**
Schloss Mönchstein (H, Salzburg) 37
Schloss Moosham 62
Schloss Prielau (R, Zell am See) 71
Schmaustheater (R, Salzburg) 47
Schmelzofenanlage Bundschuh 63
Segeln 30
Ski fahren 30
Spaziergänge 38
Spielzeugmuseum 47
Sport 28
Sportcamping Wolferlgut (H, Bruck) 67
St. Gilgen 59
St. Johann im Pongau 77
St. Michael im Lungau 62
St. Sebastian 38, **45**
St. Wolfgang *34,* **59**
St.-Sebastians-Friedhof 45
Stift Nonnberg *9,* 45
Stiftsmuseum 57
Stille-Nacht-Museum (Arnsdorf) 58
Stille-Nacht-Museum (Hallein) 84
Surfen 30

T
Tamsweg 63
Tauernstraßenmuseum 80
Taxenbach 70
Telefon 107
Tennengau 82
Tiroler Stub'n (R, St. Gilgen) 59
Trinkgeld 107

U
Überfuhr (H, Salzburg) 38
Übernachten 14
Übernachten auf der Alm (MERIAN-Tipp) 75
Universitätskirche 46
Untersberg 51
Unterwegs durch das Salzburger Seenland 91
Uttendorf 70

V
Venusbrüstchen (MERIAN-Tipp) 49
Verkehrsverbindungen 107
Vorderkaserklamm 62, **75**

W
Wallersee *91*
Wandern 29
Wandern auf dem Arnoweg 90
Wasserschloss Anif *7*
Werfen 81
Wildpark Ferleiten **33**, 71
Wirtschaft 108
Wissenswertes 94
Wolf-Dietrich-Mausoleum 38
Wolfgangsee *26, 34/35, 54*, 59

Z
Zauberflötenhäuschen 46
Zeitschriften 108
Zeitungen 108
Zell am See 71
Zum Gipfel des Hochkönig 92
Zum Hirschen Best Western (H, Salzburg) 38

Impressum

Liebe Leserinnen und Leser,
wir freuen uns, Ihre Meinung zu diesem Reiseführer zu erfahren. Bitte schreiben Sie uns, wenn Sie Berichtigungen und Ergänzungsvorschläge haben oder wenn Ihnen etwas besonders gut gefällt:

TRAVEL HOUSE MEDIA GmbH, Postfach 86 03 66, 81630 München
E-Mail: merian-live@travel-house-media.de Internet: www.merian.de

DIE AUTOREN
Diesen Reiseführer schrieben **Doris** und **Wolfgang Seitz.** Sie arbeiten als freie Journalisten und Autoren mit Schwerpunkt Reportagen und Reisebücher.

Bei Interesse an Karten aus MERIAN-Reiseführern wenden Sie sich bitte an:
iPUBLISH GmbH, geomatics
E-Mail: geomatics@ipublish.de

Bei Interesse an Anzeigenschaltung wenden Sie sich bitte an:
KV Kommunalverlag GmbH & Co KG
MediaCenterMünchen
Tel. 0 89 – 92 80 96 – 44
E-Mail: kramer@kommunal-verlag.de

FOTOS
Titelbild: Blick von der Salzach auf Salzburg und die Festung Hohensalzburg (Tourismus Salzburg GmbH);
Bildagentur Huber/Kreder 45; Bildagentur Huber/R. Schmid 36, 39, 42; edition vasco 8, 9, 63, 88/89, 102, 106; ERBER Fotografen 64; H. Hartmann 105; Hotel Goldener Hirsch 14; R. Irek 16, 20; G. Jung 54; Klinger & Schug 24, 51, 52; T. Müller 6, 11, 56, 68, 74; G. Penzl 22, 30, 7, 48; Photo Press/Rose 4/5, 7, 48; SalzburgerLand Tourismus GmbH 26, 27, 28, 32, 58, 60, 67, 72, 76, 81, 82, 84, 85, 86, 90, 91, 92; T. Stankiewicz 34/35; Tourismus Salzburg GmbH 23, 47, 99; Transglobe/Marka 94/95; E. Wrba 10, 13/14

© **2008 TRAVEL HOUSE MEDIA GmbH, München**
MERIAN ist eine eingetragene Marke der GANSKE VERLAGSGRUPPE.

Alle Rechte vorbehalten. Nachdruck, auch auszugsweise, sowie die Verbreitung durch Film, Funk, Fernsehen und Internet, durch fotomechanische Wiedergabe, Tonträger und Datenverarbeitungssysteme jeglicher Art nur mit schriftlicher Genehmigung des Verlages.

Alle Angaben in diesem Reiseführer sind gewissenhaft geprüft. Preise, Öffnungszeiten usw. können sich aber schnell ändern. Für eventuelle Fehler übernimmt der Verlag keine Haftung.

PROGRAMMLEITUNG
Dr. Stefan Rieß
REDAKTION
Susanne Kronester
LEKTORAT UND SATZ
Maja Mayer für bookwise, München
GESTALTUNG
wieschendorf.design, Berlin
MERIAN-QUIZ
Verónica Reisenegger (Konzept und Idee)
KARTEN
MERIAN-Kartographie
DRUCK Appl, Wemding
BINDUNG Auer, Donauwörth
GEDRUCKT AUF
Eurobulk Papier von der Papier Union

2. Auflage

Ein Unternehmen der
GANSKE VERLAGSGRUPPE

Salzburg
und Salzburger Land

MERIAN-Tipps
Tipps und Empfehlungen für Kenner und Individualisten

1 **»Salzburger Panorama« von J. M. Sattler**
Nach einer Restaurierung ist dieses Meisterwerk von 1829 wieder zu bewundern (→ S. 11).

2 **Hotel Sacher Salzburg**
In diesem prachtvollen Gebäude an der Salzach-Promenade lohnt bereits der Blick ins Foyer (→ S. 15).

3 **Salzburger Nockerln**
Weltberühmt ist diese kulinarische Spezialität aus Eischnee (→ S. 18).

4 **Grünmarkt**
Von exotischen Früchten und Gemüse bis zum Schweinsbraten gibt's hier alles (→ S. 22).

5 **Der Riese Samson tanzt im Lungau**
Sehenswerte Fronleichnams-Spektakel mit einer bis zu sechs Meter hohen Figur (→ S. 27).

6 **Panoramaschiff**
Salzburg von seiner schönsten Seite aus entdecken – vom Wasser (→ S. 46).

7 **Venusbrüstchen**
Diese süßen Köstlichkeiten von Scio's Specereyen in Salzburg sind das Pendant zu den Mozartkugeln (→ S. 49).

8 **Käsewelt**
Lehrreiches rund um das Thema Käse bietet die erste Bio-Schaukäserei des Landes in Schleedorf (→ S. 57).

9 **Mozart-Radweg**
410 Radkilometer auf den Spuren des berühmten Komponisten (→ S. 58).

10 **Übernachten auf der Alm**
Wer es urig mag und auf die warme Dusche verzichten kann, sollte einmal in einer der Hütten im Großarltal nächtigen (→ S. 75).

← MERIAN-TopTen finden Sie auf Seite 1